创赢人生——大学生创新创业教育

主　编　徐庆福

副主编　戴　莉　杨　岩　武　静

孙育麟　秦光齐

哈爾濱工業大學出版社

内 容 简 介

本教材以培养大学生创新创业理念、方法、能力和素质为目的，从大学生创新创业涵盖的立志创业、组建团队、市场调研、选择项目、经营策略、创业环境、创业计划、创业大赛等八个方面，分八个模块进行理论联系实际的介绍，旨在为大学生树立正确的创新创业理念，播撒创新创业种子，提供科学的创新创业方法，提升大学生创新创业品质、素养和能力，为开展大学生创新创业大赛实践提供科学的有效指导，增强大学生的创新精神、创业意识和创新创业能力，培养大学生创造一种与众不同的人生活法。本书在简明、科学、准确、实用地阐述基本理论、基本原理和基本方法的基础上，精选了大量的真实案例进行导入、课堂训练和思考，以此帮助学生深入理解和有效消化教学内容。本书深入浅出，结构新颖，内容适用，科学创新，是一本集科学性、实用性、创新性于一体的大学生创新创业教育教材，也可作为有志之士创新创业的学习参考。

图书在版编目(CIP)数据

创赢人生：大学生创新创业教育/徐庆福主编.—
哈尔滨：哈尔滨工业大学出版社，2022.2
ISBN 978-7-5603-9950-8

Ⅰ.①创… Ⅱ.①徐… Ⅲ.①大学生-职业选择-教材 Ⅳ.①G647.38

中国版本图书馆 CIP 数据核字(2022)第 017431 号

创赢人生——大学生创新创业教育
CHUANG YING RENSHENG DAXUESHENG CHUANGXIN CHUANGYE JIAOYU

HITPYWGZS@163.COM
艳|文|工|作|室 13936171227

策划编辑 李艳文 范业婷
责任编辑 付中英 李佳莹
出版发行 哈尔滨工业大学出版社
社　　址 哈尔滨市南岗区复华四道街 10 号 邮编 150006
传　　真 0451-86414749
网　　址 http://hitpress.hit.edu.cn
印　　刷 哈尔滨市石桥印务有限公司
开　　本 787 毫米×1 092 毫米 1/16 印张 15 字数 286 千字
版　　次 2022 年 2 月第 1 版 2022 年 2 月第 1 次印刷
书　　号 ISBN 978-7-5603-9950-8
定　　价 42.00 元

前　言

习近平总书记说:“创新是一个民族进步的灵魂,是一个国家兴旺发达的不竭动力,也是中华民族最深沉的民族禀赋。在激烈的国际竞争中,惟创新者进,惟创新者强,惟创新者胜。”纵深推进大众创业、万众创新是深入实施创新驱动发展战略的重要支撑,大学生是推进大众创业、万众创新的生力军,大学生创新创业已成为新时代高质量发展的客观要求。

我们已经步入一个充满机遇和挑战的新时代,高等教育体制正经历着一场深刻的变革。特别是职业教育培养高素质技术技能型人才的定位,对大学生职业规划与创新创业教育都提出了新的目标和要求。大学生职业规划与创新创业教育在新的时代下,需要聚焦“五育”并举的创新创业教育改革与实践,推进红色教育、绿色教育、专业教育、职业教育与创新创业教育相融合,积极引导、支持大学生科学规划职业生涯与发展,投身创新创业实践。通过传授职业生涯规划与创新创业教育基础知识与实现路径,提升大学生生涯规划能力、创新创业能力和品质,满足大学生自主创业和自我探索发展的需要。

大学期间是青年学子成长、发展、成才的重要人生阶段,需要对学业和职业生涯发展进行科学规划,对大学生就业进行指导,开展创新创业教育与实践,全面提升大学生综合素质和能力。“大学生职业规划与创新创业教育”系列教材共两册,分别为《职通未来——大学生职业规划与就业指导》和《创赢人生——大学生创新创业教育》。本册教材为《创赢人生——大学生创新创业教育》,以培养大学生创新创业理念、方法、能力和素质为目的,采用校企合作的模式共同编写“双元式”新型创新创业教材。本册教材包括八个模块,即:立志创业——播撒创新创业的种子;组建团队——开启创新创业之路;市场调研——寻找创新创业项目的金钥匙;选择项目——创新创业成功的前提;经营策略——创新创业成功的关键;创业环境——创新创业成功的外因;创业计划——创新创业成功的方案;创业大赛——检验创新创业实效的练兵场。此外还附有 KAB/SYB——典型的国际大学生创业项目。本教材根据“大学生职业规划与创新创业教育”公共基础课的性质，参考新型活页式、工作手册式教材的特点，本着“科学、实用、简明、创新”的原则而编写。为了帮助学生深入了解书中的基本理论、基本原理和基本方法，本册教材精选了大学生创新创业的真实案例和拓展工具，以“课堂训练”为手段，以二维码链接的形式拓展课堂内容，做到理论与实践相结合，深入浅出，结构新颖，内容适用，案例丰富，科学创新，可操作性、可读性和实践性较强，具有一定的科学性、实用性和创新性。

本册教材由黑龙江生态工程职业学院二级教授、博士徐庆福任主编，由黑龙江生态工程职业学院创新创业教育指导中心戴莉教授和杨岩、武静、孙育麟讲师及黑龙江省创新创业促进会执行会长、高级工程师秦光齐任副主编。本书具体编写分工为：模块一由徐庆福编写；模块二由杨岩编写；模块三由杨岩编写；模块四由戴莉编写；模块五由武静编写；模块六由秦光齐编写；模块七、模块八由孙育麟编写。本书可作为高职高专学生使用的教材，也可作为青年朋友及创业者创新创业时的参考书。

本书在编写过程中，参考借鉴了大量有关文献资料，在此向有关作者表示衷心的感谢！由于编者的专业知识、能力和水平有限，加之时间仓促，书中难免出现疏漏和不足之处，敬请广大读者提出宝贵的意见和建议，以便再版时修正。

编　者

2022 年 1 月

目　　录

模块一　立志创业——播撒创新创业的种子

导入语

大学生的创新创业不仅是技能、能力的学习和实践，在根本上还是把创新创业文化融入人生的全过程。创新创业教育是一种生命责任的教育，一种奋斗不息的教育，一种文化的浸润和生发。国务院办公厅《关于深化高等学校创新创业教育改革的实施意见》(国办发〔2015〕36 号)，教育部在《教育部关于大力推进高等学校创新创业教育和大学生自主创业工作的意见》(教办〔2010〕3 号)中指出，“大学生是最具创新、创业潜力的群体之一”，要在高等院校中大力开展创新创业教育。创新创业不仅对国家、民族和社会的进步与发展至关重要，同时也是新时代大学生不可或缺的责任、使命与担当。大学生创新创业已经成为新时代发展的客观要求，培养大学生创新创业意识、思维、精神和责任，播撒创新创业的种子，立下创新创业之志，创造一种与众不同的人生活法，是大学生创新创业的开端。

案例导入

哈佛大学的创新创业教育：不仅教人开公司

在美国教育界，流行着这样一种说法：如果说哈佛大学是全美所有大学中的一顶皇冠，哈佛商学院就是这顶皇冠上最璀璨的一颗宝石。哈佛的创业教育，更是被誉为美国创业界的“伊甸园”。哈佛大学的创业教育全面综合，几乎囊括了各行各业，50% 的哈佛商学院毕业生在毕业后十至二十年内都成为企业家。微软、高盛，这些划时代的符号都是由哈佛学子创造的。

哈佛大学商学院没有专业之分，所有的 MBA 都要学习综合管理课程，但可以选择不同的发展方向。他们重视课程案例学习，世界各地商学院所运用的案例中，80%是由哈佛商学院制作的。他们在学习过程中会尽力把每一位案例中的主人公请到学院来。试想，如果在做Facebook的案例分析时，马克·扎克伯格就在课堂上，无疑将提供最生动的案例和学习机会。

目前，“如何在中国创业”也在哈佛商学院掀起了一股热潮。该课程的教授伊丽莎白认为，中国是完全不同的“生态系统”，有不同的政策。如何和当地建立关系，开办企业和开启天使投资，都值得研究。从2010年开始，阿瑟·洛克创业中心开设了一个新的项目——洛克加速奖，以帮助学生制造出最小的实验产品，并投入市场。与其相对应的原创部落，每周有150个部员集聚在一起，进行一场头脑风暴。数月下来，最终挑选出最好的想法和投资人。产品基金和暑期奖金都可以用来支持学生的创业互动，而创意实验室也将提供给他们足够的空间。一个宽敞明亮的几百平方米的实验室，灰色的地毯上是不规则摆放的大桌子、椅子或沙发，中间错落着写满文字或符号的白板。他们看着电脑，或拼接不同的纸样图片，或在讨论，这些都是哈佛大学创意实验室最常见的景象。除了拥有创业实验室外，经常会有各种创业论坛、会议或名人讲座，几乎每天都有这样的活动便于学生去发展和积累人脉资源。

高校的教育如果只是在等待像比尔·盖茨那样的天才出现是远远不够的，应该将每一位普通学子推向理想航向。哈佛大学阿瑟·洛克创业中心的媒体发言人詹姆斯说：“创新创业教育是要教给学生一种管理的方式，它是后天习得的真才实学，并非与生俱来的空洞说辞。”要让学生成为改变世界的人物，让学生可以驾驭新思想，创造市场和新的就业机会，培养学生的企业家精神和思维才是最重要的，这应该成为贯穿学校教育的精髓。

请思考：

1. 从哈佛大学的创新创业教育中，你得到哪些启发？

2. 21世纪是大学生创新创业的世纪，这个时代有什么特点？

单元 1 创新创业是一种活法

1.1 创新、创新意识和创新思维

习近平总书记说："创新是一个民族进步的灵魂，是一个国家兴旺发达的不竭动力，也是中华民族最深沉的民族禀赋。在激烈的国际竞争中，惟创新者进，惟创新者强，惟创新者胜。"一个民族要想走在时代前列，就不能没有科技创新，也不能停止理论创新。

1.1.1 什么是创新

创新(Innovation)一词起源于拉丁语的"innovare"，意思是更新、制造新的东西或改变。美籍奥地利经济学家约瑟夫·阿罗斯·熊彼特在其1912年德文版《经济发展理论》一书中首次提出创新的概念。他将创新定义为"新的生产函数的建立"，即"企业家对生产要素之新的组合"，也就是把一种从来没有过的生产要素和条件的"新组合"引入生产体系。按照这一观点，创新包括技术创新(产品创新与过程创新)与组织管理上的创新。企业家的职能就是要实行创新，引进"新组合"，从而使经济获得不断的发展。他还认为，创新是一个经济范畴，而非技术范畴；它不是科学技术上的发明创造，而是把已发明的科学技术引入企业之中，形成一种新的生产能力。

1. 创新是开发新事物的过程

创新的过程从发现潜在的需要开始，创新是人类特有的认识能力和实践能力，是人类主观能动性的高级表现形式。创新是运用知识或相关信息创造和引进某种有用的新事物的过程。

2. 创新的本质是突破

创新需要突破旧的思维定势，旧的陈规戒律。创新活动的核心是“新”，它或者是产品的结构、性能和外部特征的变革，或者是造型设计、内容的表现形式和手段的创造，或者是内容的丰富和完善。

3. 创新是改变和改善

创新是一种有目的的活动。创新的目的性使创新活动必然有价值取向。创新是在新技术、新方法的引导下，对现有对象进行改善，使其向良性发展。

4. 创新的范围具有广泛性

创新既涉及技术性变化的创新，如技术创新、产品创新、过程创新，也涉及非技术性变化的创新，如制度创新、政策创新、组织创新、管理创新、市场创新、观念创新等。并不是说只有重大的发明创造才是创新，对工作方法、商业模式、服务模式的改进都属于创新。

1.1.2 创新意识

创新意识是指人们根据社会和个体生活发展的需要，引起创造前所未有的事物或观念的动机，并在创造活动中表现出的意向、愿望和设想。它是人类意识活动中的一种积极的、富有成果性的表现形式，是人们进行创造活动的出发点和内在动力。

1. 创新意识的构成

创新意识包括创新动机、创新兴趣、创新情感和创新意志等。创新动机是创新活动的动力因素；创新兴趣是推动人们积极探求新事物的一种心理倾向；创新情感是引发、推动和完成创造的心理因素；创新意志是在创造中克服困难，突破阻碍的心理因素。

2. 创新意识的价值

创新意识是一种稳定的精神态势，创新意识以求新为灵魂，具有从实际出发的超前性。创新意识是唤醒、激励和发挥人所蕴含的潜在本质力量的重要精神力量。创新意识代表着一定社会主体奋斗的明确目标和价值指向性。创新意识是引起创造性思维的前提和条件，创新意识是创造人才所必须具备的素质，创新意识的培养和开发是培养创造人才的起点。

课堂训练

善观察、勤思考

住在纽约郊外的扎克，是一个碌碌无为的公务员，他唯一的嗜好便是滑冰，别无其他。纽约的近郊，冬天到处结冰，他一有空就到那里滑冰自娱。然而夏天就没有办法到室内冰场去滑个痛快，去室内冰场是需要钱的。一个纽约公务员收入有限，不便常去，但待在家里也不是办法，深感日子难熬。有一天，他百无聊赖时，一个灵感涌上来："鞋子底面安装轮子，就可以代替冰鞋了。普通的路就可以当作冰场。"几个月之后，他跟人合作开了一家制造roller-skate的小厂。做梦也想不到，产品一问世，立即就成为世界性的商品。没几年工夫，他就赚了100多万。

小组讨论：

仅有机遇还不够，在实践过程中，还需要哪些实力去把握机遇？请将小组讨论结果表述出来。

1.1.3 创新思维

思维是人脑对客观事物的本质属性和内部规律的概况的间接反映。而创新思维是一种有创见的思维，即人脑对客观事物未知成分进行探索的活动，是发现和提出新问题、设计新方法、开创新途径、解决新问题的思维活动。从定义上可以看出，能够打破常规、运用独特的方式方法去提出问题和解决问题，是创新思维最显著的特征。

青年创业者要培养创新思维，需要掌握创新思维方法。创新思维方法是科学思维、科学方法和科学工具的总称。创新思维方法一直被世界各国所重视。到目前为止，全世界已经有三百多种创新思维方法，其中有代表性的创新思维方法有四种。

1. 头脑风暴法

头脑风暴法是美国创造学家A. F. 奥斯本于1939年首次提出，1953年正式发表的一种激发性的思维方法。头脑风暴法的核心是高度自由的联想，是创造一种信息互补、思维共振、设想共生的特殊环境，通过集体讨论，彼此激励，引起联想，使参与者能突破种种思维障碍，毫无顾忌地提出各种想法，从而提出大量有价值的设想。头脑风暴法的操作程序分三步。一是准备及自由发言阶段。首先确定负责人，制定所要研究的议题内容，同时确定参加的人员人数。之后选择时间、场所，准备好相关资料。开始头脑风暴前主持人要暖场，让大家彼此之间有交流沟通。在大家进入状态后主持人提出议题内容和要求，开始讨论。自由发言阶段，也称为畅谈阶段，不允许私下互相交流，不能评论别人的发言等。此外，要注意过程记录。活动结束后，对每一个问题进行识别，主要对是否具有创新性、可行性进行筛选。经过多次评判，找到最佳方案。二是质疑阶段。在统计归纳完成之后，要对提出的方案进行系统性的质疑并加以完善。通常在这个过程中，会产生新的设想。整个过程也要注意记录。同时还要重新考虑所有能够影响方案的限制因素，这些限制因素对最终结果的产生十分重要。三是对质疑意见进行评估，形成对解决问题实际可行的最终设想一览表。

课堂训练

以小组(5～8 人)为单位，运用头脑风暴法，围绕影响空气质量的“雾霾”问题提出解决方法，并完成三个阶段的记录。

第一阶段，准备及自由发言阶段

____

____

____

第二阶段，质疑阶段

____

____

____

第三阶段，意见评估并形成一览表

____

____

____

2. 奥斯本检核表法

检核表是根据需要研究的对象的特点列出有关问题，形成检核表，然后一个一个来核对讨论，从而发掘出解决问题的大量设想。亚历克斯·奥斯本是美国创新技法和创新过程之父，于 1941 年出版《思考的方法》，提出了奥斯本检核表法。奥斯本检核表法是指利用一系列提问引导创新者围绕研究对象不断地从多角度、宽范围进行思考，以便启迪思路、开阔思考空间，使之更容易产生新设想和新方案的一种方法。奥斯本检核表见表1.1。

表1.1　奥斯本检核表

问题	扩展思考
能否他用	现有事物有无他用？保持不变能否扩大用途？稍加改变有无其他用途？
能否借用	现有事物能否借用别的经验？能否模仿别的东西？过去有无类似的发明、创造、创新？现有成果能否引入其他创新性设想？
能否改变	现有事物能否做改变？如意义、颜色、声音、味道、样式、花色等改变之后效果如何？
能否扩大	现有事物可否扩大应用范围？能否增加使用功能？能否浓缩化？能否扩大或增加高度、强度、寿命、价值？
能否缩小	现有事物能否减少、缩小或省略某些部分？能否浓缩化？能否微型化？能否变得短点、轻点？能否压缩、分割？
能否替代	现有事物能否用其他材料、元件、结构、方法、符号、声音等代替？
能否调整	能否调整已知布局？能否调整既定程序？能否调整日程计划？能否调整规格？
能否颠倒	作用能否颠倒？位置能否颠倒？能否调整因果关系？能否从相反方向考虑？
现有事物能否组合	能否进行功能组合、原理组合、方案组合？能否进行形状组合、部件组合？

奥斯本检核表法的基本做法是：首先，选定一个要改进产品或方案。其次，面对一个需要改进的产品或方案，或者面对一个问题，从不同角度提出一系列的问题，并由此产生大量的思路。最后，根据第二步提出的思路，进行筛选和进一步思考、完善。奥斯本检核表法的实施步骤是：一是根据创新对象明确需要解决的问题；二是根据需要解决的问题，参照表中列出的问题，运用丰富的想象力，强制性地一个个核对讨论，写出新设想；三是对新设想进行筛选，将最有价值和创新性的设想筛选出来。

奥斯本检核表应用举例：

一是能否他用。创新并不是对旧事物完全抛弃，而是赋予资源新的创造性应用。保持不变能否扩大用途？能否可以直接用于新的用途，稍加改变有无其他用途？例如，利用淘汰的飞机发动机产生强大的气流吹雪，发明吹雪车，效果良好。

课堂训练

可以发电的足球

哈佛大学社会学系的两名女生发明了一种“插座足球”，把人对足球的爱好与对照的需要结合起来，既可以用来踢，又可以把动能转化成电能存储起来。“插座足球”看起来就像一个普通的足球，储存电力的原理是将踢球时的能量储存到一节电池里，而这节电池可以用来给手机等小电器充电。踢30分钟球所储存的能量足够令LED灯亮3个小时。在投资者以及家庭的帮助下，两名女生完成了原型发明，并展开了一系列测试。很多孩子都玩过这种足球的“初级版”，随后，她们又根据需要不断加以改进，令其重量更轻。后来，她们成立了企业，继续致力于创新项目的开发应用。

思考并回答：

你能否在大学校园生活中，寻找到趣味性和社会服务性相结合的项目？

二是能否借用。现有事物能否借用别的经验？过去有无类似的发明、创造、创新？是否能够加以模仿、学习？现有成果能否引入其他创新性设想？

课堂训练

巧用爆气法解决“地沟油”的问题

“地沟油”中的毒害物质主要为具有致癌危险的黄曲霉毒素和多次加热后产生的苯并芘。在市民谈油色变的背景下，上海科研人员发布了一项能从源头上解决“地沟油”的新技术。这项发明的灵感来自城市污水处理的“爆气技术”。该科研团队成功效仿污水处理的“爆气技术”，加以改进后将活性氧变成许许多多的“微泡”。在“微泡”的作用下，“地沟油”会产生裂变，形成酒石酸、甲醇和甲酸等亲水性降解物，最终被水中的微生物分解。捞不到地沟油，就意味着从源头上斩断了“地沟油”回流餐桌的路。

思考并回答：

生活中如何模仿、学习并找到创新灵感？

三是能否改变。能否改变意义、颜色、声音、样式和花色等？能否有其他变化？改变后效果如何？

课堂训练

多彩花炮

一般的花炮仅是一个圆纸筒,里面装了火药。为了满足人们日益增长的需求,一些厂家将圆纸筒变成动物、花篮、坦克车、《西游记》人物等各种造型,将烟花的颜色由单一的红黄色变为红、黄、橙、绿、青、蓝、紫等各种颜色,烟花燃烧后的形状变化多端,火药的喷射方式也是各种各样。一些厂家还制造出各种声音效果,使无数的孩子及家长被它们所吸引。

以小组为单位,研讨改进手中的纸张、图书、笔、画板等学习用具。

四是能否扩大。能否增加使用功能?能否扩大应用范围?能否更高些、更长些、更厚些?能否增加材料?能否添加零件?能否增加强度、寿命、价值?能否复制?

课堂训练

手机的成长历程

从摩托罗拉公司注册手机专利,直到1985年,才诞生出第一台现代意义上的真正可以移动的电话,当时它质量达3 kg,使用者像背背包那样背着它行走,被称为“肩背电话”。与现在形状接近的手机,诞生于1987年。与“肩背电话”相比,它显得轻巧得多,而且容易携带。尽管如此,其质量仍有大约750 g,像一块大砖头。

从那以后,手机的发展越来越迅速。1991年时,手机的质量为250 g左右;1996年秋,出现了体积为100 cm^3、质量为100 g的手机。此后又进一步小型化、轻型化,到1999年就轻到了60 g以下。也就是说,一部手机比一枚鸡蛋重不了多少。除了质量和体积越来越小外,现代的手机已经越来越像一把多功能的瑞士军刀了。而智能手机中加入大量的如GPS、加速器、陀螺仪、麦克风、照相机、蓝牙等功能,除了最基本的通话功能,手机还可以用来收发邮件和短消息,可以上网、玩游戏、拍照、看电影、发微信,越来越多的使用功能,使智能手机风靡全球。

思考并回答:

智能手机还有哪些方面可以进一步改进?

五是能否缩小。现有事物能否缩小体积、减轻质量、降低高度、压缩、变薄？能否省略？能否进一步细分？

“能否缩小”沿着“借助于省略或分解”的途径来寻找新设想。例如，袖珍式收音机、微型计算机、折叠伞等就是缩小的产物。没有内胎的轮胎，尽可能删去细节的漫画，都是省略的结果。

六是能否替代。能否采用其他材料、其他素材、其他工序或其他动力替代？能否选择其他场所、其他方法？

七是能否调整。能否采用其他顺序或其他布局？能否改变步调或改变日程表？

八是能否颠倒。能否作用颠倒、位置颠倒？是否可以换一换方向？能否颠倒因果关系？

九是能否组合。能否进行功能组合、原理组合、方案组合？

3. 六顶思考帽法

六顶思考帽(图 1.1)是英国学者爱德华·德·博诺博士开发的一种思维训练模式，或者说是一种全面思考问题的模式，强调的是“能够成为什么”，而非“本身是什么”。运用六顶思考帽，将会使混乱的思维变得更加清晰，使团体中无意义的争论变成集思广益的创造，使每个人变得富有创造性。

图 1.1　六顶思考帽

所谓六顶思考帽，是指使用六种不同颜色的帽子代表六种不同的思维模式。一是白色思考帽。白色是中立而客观的。戴上白色思考帽，人们思考的是关注客观的事实和数据。二是绿色思考帽。绿色代表茵茵芳草，象征勃勃生机。绿色思考帽寓意创造力和想象力。它具有创造性思考、头脑风暴、求异思维等功能。三是黄色思考帽。黄色代表价值与肯定。戴上黄色思考帽，人们从正面考虑问题，表达乐观的、满怀希望的、建设性的观点。四是黑色思考帽。戴上黑色思考帽，人们可以运用否定、怀疑、质疑的看法,找出逻辑上的错误。五是红色思考帽。红色是情感的色彩。戴上红色思考帽,人们可以表达自己的情绪,还可以表达直觉、感受、预感等方面的看法。六是蓝色思考帽。蓝色思考帽负责控制和调节思维过程。它负责控制各种思考帽的使用顺序,规划和管理整个思考过程,并负责做出结论。运用"白色思考帽"来思考、搜集各环节的信息和存在的问题,找到基础数据;戴上"绿色思考帽",用创新的思考来考虑这些问题,不是一个人思考,而是各层次人员都用创新的思维去思考,大家提出各自解决问题的办法、好的措施。分别戴上"黄色思考帽"和"黑色思考帽",对所有的想法从"光明面"和"良性面"逐个进行分析,对每一种想法的危险性和隐患进行分析,找出最佳契合点。戴上"红色思考帽",从经验、直觉上,对已经过滤的问题进行分析、筛选,并做出决定;在思考的过程中,还应随时运用"蓝色思考帽",对思考的顺序进行调整和控制,所以,在整个思考过程中,应随时调换思考帽,进行不同角色的分析和讨论。

4.5W2H 分析法

发明者用五个以 W 开头的英语单词和两个以 H 开头的英语单词进行设问,发现解决问题的线索,寻找发明思路,进行设计构想,从而搞出新的发明项目,这就是5W2H 法。

一是 What:需要做什么事情?什么目的?什么要求?什么条件?什么是关键问题?什么主题?二是 Why:为什么做这件事情?为什么用这种方法?为什么设置这些程序和环节?其他人为什么在这些事情上会失败?三是 When:什么时间开始?何时结束?什么时机最合适?四是 Where:这些事情应该在哪里解决?哪里的成本最低?哪里的条件最好?五是 Who:由谁来做?谁是潜在的顾客?谁可以对这件事情提供帮助?六是 How:这件事情怎么做?怎么扩大知名度?怎么才能降低成本?怎么做才是最佳方案?七是 How much:多少?做到什么程度?数量如何?质量水平如何?如果现行的做法或产品经过七个问题的审核已无懈可击,便可认为这一做法或产品可取。如果七个问题中有一个答复不能令人满意,表示这方面有改进余地。如果哪方面的答复有独创的优点,则可以扩大产品这方面的效用。

课堂训练

借助5W2H 设问法,为下列方案制订行动计划:

1. 发现覆盖屋顶的保证屋内冬暖夏凉的建筑材料。
2. 设计别具一格的班级晚会。
3. 向新生推销生活用品。

1.2 创业与创业精神

一提到创业,人们就会联想到激情梦想、获得财富、人生价值等词语。人们会为成功的创业者喝彩,也会感叹创业历程的艰辛坎坷。无论如何,创业已经成为新时代人们生活中的重要元素,成为一些大学生的生活方式和活法。

1.2.1 创业的基本内涵

创业有广义和狭义之分,广义的创业是指开创事业,包括在各种不同领域的工作岗位上干出一番事业。狭义的创业主要是指经济领域中,创业者通过发现和识别商业机会,组织各种资源,为社会提供产品或服务,创造社会价值的过程。我们现在所讲的创业,是一个发现和捕捉机会并由此创造新颖的产品或服务和实现其潜在价值的复杂过程,是一个创造、增长财富的动态过程,"大学生创业"就是指大学生创业者发现机会和资源,最终实现创业目的一系列创新活动。大学生自主创业是大学生通过个人及团队的努力,利用所学知识、才能、技术和各种能力,在有限的环境中努力创新、寻找机会、不断成长、创造价值的过程。

创业通常是在创新的基础上,把创新应用于技术、制度、管理等方面,产生出一定的经济效益。因此,创新是创业的手段,是创业的基础和前提,而创业是创新的载体,创业离不开创新,没有创新就不可能有真正意义上的创业。

课堂训练

乔布斯:创新改变世界

苹果公司创始人之一、前 CEO 史蒂夫·乔布斯被世界誉为科技和商业奇才。

在人类并不太悠久的数字化历史中,正是乔布斯让电子计算机从一种普通人望而生畏的庞大的"科研仪器"变成了像电话和电视机那样能够轻易走入千家万户的日常必需品。1997 年他刚回归时,徘徊在破产边缘的苹果公司的市值仅 17 亿美元。而到他辞职之前,苹果以超过 3 350 亿美元的市值取代埃克森美孚,成为全球市值最大的公司。

乔布斯是如何做到这一点的？乔布斯本人对创新也有过如下表述："创造力只是把东西联系起来。如果你问有创造力的人他们是如何做到的，他们会觉得有点羞愧，因为显而易见的。因为他们能把以前的经历联系起来，以合成新的事物。"创造与你有多少研发资金没有关系。当苹果开发出Mac电脑时，国际商业机器公司（IBM）的研发开支至少是苹果的100倍。这不是钱的事。真正重要的是你的员工，你的领导方式以及你对所开发的东西了解多少"。乔布斯式的创新是在利用人类的想象力实实在在地创造着新的生产力，而不是成功概率极低的碰运气。

从这个意义上，与其说乔布斯是个发明家，倒不如说他是一个"新价值"的发现者和创造者——他的最大才能就在于将某种原来已经存在的东西经过再加工和改造，转换成承载着崭新价值的新事物。

思考并回答：

1. 你从乔布斯创新创造实践中感受到创新的本质是什么？

2. 乔布斯说"创造力只是把东西联系起来"。请联系实际，观察生活中有哪些组合式创新的产品或服务。完成下列表格。

产品或服务名称	组合前状态和功能	组合后的新状态新功能
航拍无人机	一个是无人机飞行器； 一个是数码相机等拍仪器	组合后实现了负载数码相机数字记录设备进行飞行拍摄

1.2.2 创业精神

1. 何为创业精神

创业精神通常被人们称为企业家精神，它是创业者在市场竞争中不断开拓进取、创造新价值的精神概述。现代管理之父德鲁克提出，创业精神更多表现为一种创新性的活动或者行为，创业者通过这种行为对原有的资源进行重新组合，从而使其产生新的财富。创业精神的本质在于创新,在这个过程中,新产品的机会被确认、被创造,最后被开发产生新的财富创造的能力。

创业精神主要表现为勇于创新、敢担风险、团结合作、坚持不懈。创业精神有利于创业者或创新者们开创事业。对创业者而言,创业精神是创业的动力源泉,也是创业的精神支柱。创业道路不可能一帆风顺,创业者凭借创业精神在创业活动中才能成就和开创事业。发扬创业精神有利于个人应对挑战,有利于社会经济增长,有利于社会进步发展。

2. 培育创业精神

大学生创业成功的前提是创业精神和品质的培育。“天行健,君子以自强不息。”体现着创业者顽强进取、敢为人先、坚韧不拔的精神品质。中国一大批优秀的企业家之所以取得创业成就,与他们在挫折中坚守,在发展中不断求变求新,勇于承担社会责任,具有企业家精神是分不开的。

在创业过程中,创业机会、创业环境、创业项目、创业计划都会随时发生改变,但创业者的精神品质却是稳定的。开拓、创新、进取、诚信、爱心等精神品质是支撑创业者迎难而上、坚持不懈的动力。大学生创业精神的培育不可能在一朝一夕完成,需要在日常的生活学习中有意识地培养,通过知识和技能学习、实践实训和继承前人精神等培育,潜移默化地形成。

3. 龙江创业精神

在黑龙江这块黑土地上,孕育、生发了龙江创业精神。历史上黑龙江流域的先民们不甘于地处边隅,勇于开拓,纵横驰骋。黑龙江是一方具有光荣革命传统和丰富精神资源的红色沃土。黑龙江人民不仅为革命、建设和改革做出巨大贡献,而且还在长期的奋斗历程中形成了东北抗联精神、北大荒精神、大庆精神和铁人精神。这些精神已经成为黑龙江优秀精神资源的重要组成部分,成为激励几代龙江儿女艰苦创业、不怕牺牲、敢于奉献、奋力拼搏、勇于创造的不竭动力源泉。习近平总书记在 2016 年 5 月 25 日视察黑龙江的重要讲话中特别指出:“加强干部作风建设,黑龙江有不少有利条件,东北抗联精神、北大荒精神、大庆精神、铁人精神激励了几代人。今天,我们仍然要用这些精神来教育广大党员、干部,引导他们发扬优良传统,在全社会带头弘扬新风正气。”

龙江创业精神表现为独立自主、自力更生的艰苦奋斗精神,胸怀全局、为国分忧的奉献精神,讲科学的实事求是精神。龙江精神已经成为全国人民共同拥有的一笔宝贵的精神财富,成为推动龙江乃至我国经济发展和社会进步的强大动力。

课堂训练

通过阅读学习链接材料，小组讨论，大庆精神和铁人精神体现了怎样的创新创业精神内涵？

1. 大庆精神和铁人精神

1.3 创业者与工匠精神

1.3.1 创业者要具备工匠精神

工匠精神一词，最早出自于著名企业家、教育家聂圣哲，他曾呼吁：“中国制造”是世界给予中国的最好礼物，要珍惜这个练兵的机会，决不能轻易丢失。“中国制造”熟能生巧了，就可以过渡到“中国精造”，“中国精造”稳定了，不怕没有“中国创造”。

我国自古就有尊崇和弘扬工匠精神的优良传统，一些工艺水平在世界上长期处于领先地位。如瓷器、丝绸、家具等精美制品和许多庞大壮观的工程建造，都离不开劳动者精益求精的工匠精神。《诗经》中的“如切如磋，如琢如磨”，反映的就是古代工匠在切割、打磨、雕刻玉器等时精益求精、反复琢磨的工作态度。《庄子》中讲庖丁解牛游刃有余，“道也，进乎技矣”。可以说，我国古代非常注重工匠精神，形成了“尚巧工”的社会氛围。新中国成立以来，党在带领人民进行社会主义现代化建设的进程中，始终坚持弘扬工匠精神。无论是“两弹一星”、载人航天工程取得的辉煌成就，还是高铁、大飞机等的设计与制造，都离不开工匠精神，都展现出对工匠精神的继承与发扬。

对于创业者来说，工匠精神是一种严谨认真、精益求精、追求完美、勇于创新的企业精神，是追求卓越的创造精神、精益求精的品质精神，用户至上的服务精神，是对待事业的态度，更是一种职业价值取向和行为表现。大多数的创业者身上都有工匠精神，通过用心打造精益求精的产品、渠道、品牌等，将产品或服务做到极致，将企业做大做强。

1.3.2 工匠精神的内涵及价值

党的十九大报告提出“弘扬劳模精神和工匠精神”，党的十九届四中全会《决定》提出“弘扬科学精神和工匠精神”。2019 年 9 月，习近平总书记对我国选手在世界技能大赛取得佳绩做出重要指示强调，劳动者素质对一个国家、一个民族发展至关重要。技术工人队伍是支撑中国制造、中国创造的重要基础，对推动经济高质量发展具有重要作用。李克强总理在2016年政府工作报告中指出："要鼓励企业开展个性化定制、柔性化生产，培育精益求精的工匠精神。"

工匠精神的基本内涵包括敬业、精益、专注、创新等方面的内容。工匠精神是社会文明进步的重要尺度，是企业竞争发展的品牌资本。

1. 敬业

敬业是从业者基于对职业的敬畏和热爱而产生的一种全身心投入的认认真真、尽职尽责的职业精神状态。中华民族历来有"敬业乐群""忠于职守"的传统，敬业也是当今社会主义核心价值观的基本要求之一。早在春秋时期，孔子就主张人在一生中始终要"执事敬""事思敬""修己以敬" 。"执事敬"是指行事要严肃认真不怠慢；"事思敬"是指临事要专心致志不懈怠；"修己以敬"是指加强自身修养保持恭敬谦逊的态度。

2. 精益

精益就是精益求精，是从业者对每件产品、每道工序都凝神聚力、精益求精、追求极致的职业品质。所谓精益求精，是指已经做得很好了，还要求做得更好，"即使做一颗螺丝钉也要做到最好"。正如老子所说，"天下大事，必作于细"。能基业长青的企业，无不是凭精益求精才获得成功的。

3. 专注

专注就是内心笃定而着眼于细节的耐心、执着、坚持的精神，这是一切"大国工匠"所必须具备的精神特质。从中外实践经验来看，工匠精神都意味着一种执着，即一种几十年如一日的坚持与韧性。"术业有专攻"，一旦选定行业，就一门心思扎根下去，心无旁骛，在一个细分产品上不断积累优势，在各自领域成为"领头羊"。在中国早就有"艺痴者技必良"的说法，如《庄子》中记载的游刃有余的"庖丁解牛"，《核舟记》中记载的奇巧人王叔远等。

4. 创新

工匠精神还包括追求突破、追求革新的创新内蕴。古往今来，热衷于创新和发明的工匠们一直是世界科技进步的重要推动力量。新中国成立初期，我国涌现出一大批优秀的工匠，如倪志福、郝建秀等，他们为社会主义建设事业做出了突出贡献。改革开放以来，"汉字激光照排系统之父"王选、"中国第一、全球第二的充电电池制造商"王传福、从事高铁研制生产的铁路工人和从事特高压、智能电网研究运行的电力工人等都是工匠精神的优秀传承者，他们使中国创新重新影响了世界。

1.4 创业即社会责任

1.4.1 社会责任

社会责任是指一个组织或个人对社会应负的责任，创业者应以一种有利于社会的方式进行经营和管理。企业不仅承担着法律上和经济上的义务，还承担“追求对社会有利的长期目标”的义务。

社会责任包括企业环境保护、安全生产、社会道德以及公共利益等方面，由经济责任、持续发展责任、法律责任和道德责任等构成。中国社科院《中国企业社会责任报告》提出的社会责任指的是从责任管理、市场责任、社会责任和环境责任等四个方面评价企业社会责任水平。责任管理是指一个企业所制定的企业社会责任发展规划、反商业贿赂制度与措施等；市场责任是指企业的成长性、收益性以及产品合格率等指标；社会责任包括社保覆盖率、安全健康培训以及评估运营对企业的影响；环境责任则包含了企业的环境管理和节能减排方面的指标。

课堂训练

京东精准扶贫带动90万户贫困户增收

京东集团不忘初心，积极履行企业社会责任，在助力扶贫、扩大就业、倡导可持续发展等方面持续为社会做出贡献。京东自2016年初开始启动电商精准扶贫计划。截至2019年12月31日，京东已在全国832个贫困县上线商品超300万种，实现销售额超750亿元，直接带动90万户建档立卡贫困户增收。在扶贫实践中，京东不断优化扶贫路径，并于2018年提出扶贫3.0模式，即以品牌化为核心，从品牌打造、创业就业、科技赋能、物流布局、金融支持、公益创新等六个方面进行助力。如今，京东以产业互联网能力全面赋能贫困地区的模式，在全国众多贫困地区落地，引领贫困地区产业实现跨越式发展。作为“以供应链为基础的技术与服务企业”，未来京东将持续把产业互联网能力向贫困地区开放，全面改善贫困地区人民生活，帮助贫困地区从脱贫步入致富之路。

以小组为单位，讨论企业应承担的社会责任是什么。

1.4.2 创业者承担的社会责任

创业的本身就是社会责任的实现，就是以创造经济价值和社会价值的方式为社会做贡献。在创业过程中，创业者要有创业与社会责任融合在一起的营商理念。要着力培养良好的企业精神，用社会理想、价值观凝聚员工力量，经营中需认真贯彻国家的方针政策，执行国家的法令法规。节约资源、保护环境、安全发展，自觉接受国家的监督和管理，履行对国家和社会的责任和义务，坚持企业利益和国家利益相统一。

课堂训练

A 说：做生意与社会责任是两回事，不能相提并论。

B 说：做生意成功赚到钱之后，才可以回报社会。

C 说：社会责任是全力奉献社会，利润应排在第二位。

以小组为单位，结合以上说法，讨论创业者应具备怎样的社会责任意识。

2. 北大荒精神　　3. 抗联精神　　4. 载人航天精神

▶单元 2

立志创业，源远流长

2.1 中国传统文化蕴含的创新创业思想

2.1.1 从中国古代“四大发明”到当代“新四大发明”

“新四大发明”是 2017 年诞生的网络流行词，具体是指“高速铁路、扫码支付、共享单车和网络购物”。“新四大发明”在中国推广应用较为领先，对国外产生了的巨大影响。

5. 从中国古代“四大发明”到当代“新四大发明”

无论古代“四大发明”还是“新四大发明”，都展现出中国式创新创业的潜能和力量。中国企业家的“迭代式创新”(即人们常说的“跟随创新”“集成创新”)，以某种现有的模型或想法为基础，然后针对中国市场加以改进。这些“小步骤”最终将为更大更好的突破铺平道路。特别是国家推动“大众创业、万众创新”的“双创”活动，中国形成从“小众”到“大众”、民众热情参与、人人皆可为“创客”的时代洪流。美国《连线》杂志曾指出：“未来的机会属于中国，我们唯一要做的就是改变对中国创新的成见。”而作为中国人，我们要做的则是加入创新创业洪流，用更多的“中国式”创新改变世界。

2.1.2 挖掘传统文化的创业资源

1. 传统文化价值

长期以来，中国民族传统文化在建设文化产业、提高国家文化软实力的进程中发挥了巨大的作用。我国的小说、电影、电视剧、动漫、游戏作品在传统文化中不断汲取营养、获得灵感。但就现实情况来说，当前我国的文化生产中，民族传统文化实际发挥的作用与它可能的潜在价值还有很大差距。如何才能让我国的文化产业界较好、较快地增强民族传统文化的开发水平，让它在新时代更有力地发挥“中华民族生生不息、团结奋进的不竭动力”的作用？从现时代的情况来看，发展我国文化产业的一个关键问题就是如何以强烈的文化创新精神来凸现民族文化传统中的创造性价值。

2. 挖掘文化优势资源

挖掘传统文化中的创造性价值。首要的一个表现方面,就是对优秀传统文化的热爱与表现意识。我国的传统文化,历史悠久,传承绵长,内涵广博。挖掘文化优势资源,应结合历史传统和时代需要,从传统文化中提取那些具有人类普遍价值又具有中国特色的内容加以发扬光大。世界范围内,能真正激起市场热烈反响的中国文化产品,都是弘扬了中国民族文化优秀、积极特性的作品,在今天的社会环境中仍能为人们提供情感、道德上的支持。

对高校创业的大学生来说,在文化创意产业方面很大的创造空间,历经千百年沉淀下来的传统文化,有足够的文化背景资源可供创意开发。大学生可以运用现代科技手段,对文化资源、文化用品进行创造与加工。以及创意内容加营销传播,以及知识产权的开发和运用,将文化资源转化为消费势能。从而产出具有高附加值的产品与服务。

课堂训练

走向世界的中国元素

随着时代的发展,文明的进步,越来越多的中国元素走出国门,登上了世界的舞台:“中国制造”风靡全球,好莱坞大片中频繁出现中国面孔和中国场景,越来越多的国外网游开始加入中国元素。

一家实力二流的日本游戏公司,长期以来依靠开发与中国三国文化有关的游戏作品为生。它的一款《真三国无双》系列游戏2000年至2005年间在日本国内的销售额就达到300亿日元。而该公司这种对中国传统文化的开发与利用在日本产业界绝不是个案。

思考并回答:

1. 以中国文化元素为素材,设想一个文化创意项目。
2. 说明项目的创新点在哪里?
3. 日本文化产业的例子引起我们哪些反思?

2.1.3 走文化创新之路

对民族文化在现代社会的价值作用,按照“取其精华,去其糟粕,使之与当代社会相适应、与现代文明相协调”的原则进行考察。真正的创新突破，往往得益于某些细节的创意与发现，全面认识和洞见有活力的传统文化因子。

发达国家已纷纷把发展的目光转向了文化产业领域，而我国无比丰厚的民族文化资源是少有国家能够比拟的，所以，这是我们创业者可以大有作为的领域。

2.2 民族创业史中汲取力量

我国早在西周时期，商业就成为社会经济不可缺少的组成部分，春秋战国时期，商业贸易和商业制度变革不断发展，管仲提出“仓廪实而知礼节，衣食足而知荣辱”的商业伦理思想。子产施行的“市不豫贾”的商业政策，都可以看到我国有着悠久的商业发展史。中国几千年的商业发展史也是中华民族不屈不挠的创新创业奋斗史，诞生了闻名世界的商帮和创业典范。

2.2.1 商帮创业史

由于所处地区和历史原因，各商帮特点不同，但是，坚韧、诚信、重义是各商帮的共同特征。

1. 山西商帮

山西商帮，也称晋商，通常意义的晋商指明清500年间的山西商人，晋商经营盐业、票号等，尤其以票号最为出名。晋商发展到清代，已成为国内实力最雄厚的商帮。世界经济史学界把他们和意大利商人相提并论，给予很高的评价。这一时期，晋商雄居中华，饮誉欧亚，辉煌业绩中外瞩目。特别值得指出的是在晋商称雄过程中，晋商一共树有3座丰碑，那就是驼帮、船帮和票号。

晋商成功的根源在于“诚信”和“团结”的商帮传承。晋商也为中国留下了丰富的建筑遗产，如著名的乔家大院、常家庄园、曹家三多堂、王家大院等。

2. 徽州商帮

徽商，即徽州商人、新安商人，俗称“徽帮”，是徽州（府）籍商人的总称，为中国三大商派之一。徽商在宋代开始活跃，全盛期则在明代后期到清代初期。徽州除竹、木、瓷土和生漆等土产的运销外，商品茶和歙砚、徽墨、澄心堂纸、汪伯立笔等文房四宝产品的问世，更加推动了徽商的发展。

3. 龙游商帮

龙游商帮早期在浙西一带经营珠宝业、垦拓业、造纸业和印书业等。明清时期由于商品经济的发展，商品流通领域扩大，商人十分活跃，逐渐形成了商帮。

龙游商帮的显著特点是，埋头苦干，不露声色。龙游商帮虽地处偏僻，却有着开放的心态,在观念上也比较新潮。主要表现在两个方面,即投资上的"敢为天下先"精神和"海纳百川"的肚量。龙游商人不排斥外地商帮对本乡的渗透,并且相处友善,吸收外地商人于己帮,推进了龙游商帮的发展。龙游商帮在珠宝业、垦拓业、造纸业和印书业中能够立于不败之地,除了有开拓进取、不怕艰苦的精神和善于经营管理之外,还与它具有较高文化素养和诚实守信的职业道德有密切关联。

4. 陕西商帮

陕西商帮是我国形成时间最早的商帮之一。这些生活在黄土高原上,高喊着秦腔的人,在经商的精明上一点也不逊色于自然条件更为优越的其他地区的商人们。陕西商帮正式形成是在明朝时期,最先发展起来的陕西商帮是由西安府的三原、泾阳县和属州同州的朝邑、韩城县(今韩城市)等地的商人组成的。他们即使拥有无数的财富,也不会轻易浪费每一分钱。陕西人的特点更是"一大二土","一大"是说他们资本大、生意大,"二土"是说他们在生活方面很淳朴,不很讲究排面,穿棉布衣,戴瓜皮帽。

5. 山东商帮

山东商帮,也称鲁商,是山东的商人精英群体,始于商周,形成于春秋战国,成熟于两汉,在此后的不同历史阶段,又有所发展与完善。山东商帮,自然具有山东人的特点,质朴单纯,豪爽诚实。山东商帮的致富之道,概括起来,就是长途贩运和坐地经商的商业经营方式,讲求信用的商品道德以及规范的商业行为。山东商人所走的道路及商业资本的流向是以末致富、以本守之。他们的这些经验和经营方式非常实在,生意做起来踏实,创造出具有独特性的鲁商文化。

6. 宁波商帮

宁波商帮是中国商帮中的后起之秀,从它形成之时起,便显露出它的见识不凡和卓尔不群。宁波商帮是以血缘姻亲和地缘乡谊为纽带连接而成的商业集团,是一个盛行于国内和海外的商帮。宁波商人外出经商历史悠久,但大规模经商并且结成商帮时间较晚。鸦片战争后,尤其是民国时期,宁波商帮中新一代商业资本家脱颖而出,把商业与金融业紧密结合起来,从而使宁波商帮以新兴的近代商人群体的姿态跻身于全国著名商帮之列。他们所经营的银楼业、药材业、成衣业、海味业以及保险业,也是闻名遐迩。

7. 洞庭商帮

审时度势,把握时机,这是聪明商人的做法,而洞庭商人就是这样的聪明商人。尤其是鸦片战争后,在作为金融中心的上海,洞庭商人开辟了买办业、银行业、钱庄业等金融实体和丝绸、面纱等实业。在新的历史背景下,从事着不同于以往的商业活动,由此,洞庭商帮产生了一批民族资本家,走上了由商业资本向工业资本发展的道路。

8. 江西商帮

江西商帮又称赣商,有“江右商帮”和“江左商帮”之分,“江右商帮”称雄中华工商业九百多年,是中国古代实力最强的商帮。江西商人绝大多数是因家境所迫而负贩经商的,因此,小本经营、借贷起家成为他们的特点。他们的经商活动一般是以贩卖本地土特产品为起点,而正是江西商人这些独特的背景,使得江西商帮具有资本分散、小商小贾众多的特点。

9. 福建商帮

福建商帮又称闽商,广义是指福建、浙南、粤东潮汕地区和海外闽民系商人,被誉为“华商第一族”。诚信为先,利义兼得,是闽商的基本理念。福建商帮的兴起,一开始就与封建政府的官方朝贡贸易和禁海政策针锋相对。他们广泛联络沿海居民,建立了许多据点,利用据点收购出海货物,他们不仅在海营商,还有许多也是陆地商。明清福建商人,把国内与国外的贸易紧密地结合起来,进行多种形式贸易,从而形成了中国封建社会晚期一个很有影响的地方商帮。

10. 广东商帮

广东商帮也被称为“粤商”,广义上的粤商包括潮汕帮(潮商)、广州帮、客家帮。道光十年,英国议会对曾在中国做过商业贸易的英国商人进行了一次调查,最后得出的结论是:绝大多数在广州进行贸易的人一致声称,在广州做生意几乎比世界其他地方都更方便、更好做。海外流传着这么一句话:太阳无时不普照粤人社会。粤商的辉煌时期,还是在近、现代,粤商伴随着近代广东商品流通范围的扩大、商品经济的发展、海外移民的高潮而崛起,广东商人发迹于东南亚和香港、潮汕地区。

2.2.2 历史上的创业名家

在我国商业发展史上,每个朝代都会出现颇具传奇色彩的商界巨子,他们奋发图强、超越自我、诚实守信、不断创造财富、积累财富的商业智慧和创业精神值得后人学习和借鉴。

范蠡,辅佐勾践兴越国,灭吴国,成就霸业。功成名就之后急流勇退。三次经商成巨富,三散家财。世人誉之:“忠以为国;智以保身;商以致富,成名天下。”范蠡为中国早期商业理论家,被后人尊称为“商圣”。范蠡提出把握行情,“人取我予”;让货等人,“待乏贸易”;诚信经商,“不求暴利”;尽散其财,“富好行德”。这符合中国传统思想中经商求“诚信”、求“义”的原则。范蠡在齐致富后,就曾“尽散其财,以分与知友乡党”。

后来经商,“十九年之中三致千金”。但是他把钱又分给贫穷人和远房兄弟,受到人们的高度赞扬。

乔致庸(1818—1907),山西祁县人,清朝末年著名晋商,人称“亮财主”。乔致庸在家族生意生死存亡的关键时刻,弃文从商。在他的不断努力下,生意日渐兴隆,至清末,乔氏家族已经在中国各地有票号、钱庄、当铺、粮店200多处,资产达到数千万两白银。

乔致庸以儒术指导商业经营,采取“人弃我取、薄利广销、维护信誉、不弄虚伪”的策略,走“儒商大道”,其经商理念是“一信、二义、三利”,即以信誉徕客,以义待人,信义为先,取经正途。乔致庸善于用人,这是他经商成功的一个重要原因。乔致庸经商、用人、治家、处世等样样优秀,堪称中国古代经商创业成功人士的典范,值得现代大学生或经商办企业人士学习借鉴。

胡雪岩(1823—1885),出生于安徽徽州绩溪,中国近代著名的红顶商人、政治家、徽商代表人物。幼年时家境十分贫困,以帮人放牛为生。13岁时就孤身出外闯荡,先后在杂粮行、商行当小伙计,做学徒,从扫地、倒尿壶等杂役干起,因勤劳、踏实成了钱庄正式的伙计。19岁时,胡雪岩被杭州阜康钱庄于掌柜收为学徒,于掌柜没有后代,把办事灵活的胡雪岩当作亲生儿子,并把钱庄悉数托付给胡雪岩。这所钱庄,堪称胡雪岩在商海中的第一桶金。

胡雪岩商道已经成为一种经营理念,其核心就是“戒欺”。其“是乃仁术”“真不二价”“顾客乃养命之源”等经营理念深入人心。胡雪岩是徽商的杰出代表者,身上有着徽商讲求诚信、为人着想、精明强干等共性。胡雪岩一方面经商讲求诚信,另一方面利用他的财富帮助左宗棠为国家做了很多实业。

2.2.3 新时代企业家精神

企业家是国家经济活动的重要主体,新中国成立初期,以荣毅仁、王光英为代表的新中国第一代企业家为中国经济发展做出了巨大贡献。伴随着改革开放,在我国新经济发展浪潮中,以任正非、柳传志、张瑞敏、史玉柱、褚时健等为代表的一大批勇于创新的企业家,勇担社会责任,积极创新创业,激发各类市场的蓬勃活力,形成了具有鲜明时代特征的优秀企业家精神。企业家精神已经成为推动经济社会发展的重要精神财富。

爱国情怀是新时代企业家精神的“根基”;勇于创新是新时代企业家精神的“灵魂”;诚信守法,是新时代企业家精神的“标尺”;承担社会责任,是新时代企业家精神的“底色”;拓展国际视野,是新时代企业家精神的“底气”。

具有敏锐的市场意识,是企业家的必备素质,但如果缺乏全局观,缺乏社会担当,缺乏诚实守信的作风,市场意识再敏锐终究也做不大。一位优秀的企业家,不能只将目光局限在企业,局限在企业利益的扩张上,而是要有全局眼光,注重道义对企业行为的约束,需要构建健康的商业生态。

▶单元 3

他山之石，创业启迪

3.1 创业之道——创业者背后的故事

3.1.1 松下幸之助的"为人之道"及"经营理念"

6. 松下幸之助

松下幸之助(1894—1989),出生于日本和歌山县,被人称为"经营之神","事业部""终身雇佣制""年幼序列"等日本企业的管理制度都由他首创。少年时代的松下幸之助只受过4年小学教育,因父亲生意失败,曾离开家到大阪去当学徒。1918年,松下在大阪建立了"松下电气器具制作所",接连推出了先进的配线器具、炮弹形电池灯、电熨斗、无故障收音机、电子管、真空管、晶体管等一个又一个成功的产品;7年之后,松下幸之助成了日本收入最高的人,从那时起,直到1988年的63年中,有10年他的收入均为日本第一位,有6年居第二位,1989年他逝世时,留下了15亿多美元的遗产。

松下幸之助提出,人才是企业成败的关键,"人才立业"是松下幸之助的基本经营方针。经营的第一理想应该是贡献社会。以社会大众为企业发展考虑的前提,才是最基本的经营秘诀。松下幸之助的"堤坝式经营""自来水哲学""玻璃式经营""事业部制度""终身雇佣制"等经营理念享誉全球,令人高山仰止,得到多种不同文化的认同。

3.1.2 稻盛和夫的"活法"

稻盛和夫,1932年出生于日本鹿儿岛。技术员出身的他,成就了两家名列全球500强的大企业。27岁创办京瓷 Kyocera,52岁创办 KDDI。在日本经济界,稻盛和夫称得上是一位白手起家的本土派传奇人物,也是日本战后经济奇迹的缔造者和重要的见证者之一。他提出热爱是点燃工作激情的火把。无论什么工作,只要全力以赴去做就能产生很大的成就感和自信心,而且会产生向下一个目标挑战的积极性。成功的人往往都是那些沉醉于所做之事的人。事业成功之余，稻盛和夫创设“京都赏”，每年表扬对人类社会发展具有卓越贡献的人士。此外，并出任以年轻一辈经营者为招收对象的“盛和塾”校长，为培育新时代经营者不遗余力，其经营哲学被日本企业界奉为圭臬。

课堂训练

稻盛和夫的语录：“如果要寻求我成功的理由，也许就是这一点。亦即，也许我的才能不足，但是，我有一条单纯而坚强的追求人间正道的指针。”结合二维码链接的学习资料《“经营之神”—— 稻盛和夫》，思考并回答：

7. 稻盛和夫

经营理念和商业成功之间的关系是什么？

【延伸阅读】——《干法》《稻盛和夫自传》《企业家成功之道》《敬天爱人》《活法》

3.1.3 比尔·盖茨的成功

比尔·盖茨，全名威廉·亨利·盖茨三世。1955 年出生于美国华盛顿州西雅图，企业家、软件工程师、慈善家、微软公司创始人、中国工程院院士（外籍）。比尔·盖茨 13 岁开始计算机编程设计，18 岁考入哈佛大学，1975 年与好友保罗·艾伦一起创办了微软公司。比尔·盖茨 1995—2007 年连续 13 年成为《福布斯》全球富翁榜首富。

2008 年，比尔·盖茨正式退休，但仍做微软董事长保证公司的运营，并把 580 亿美元个人财产捐到比尔和梅琳达·盖茨基金会。他在遗嘱中宣布拿出 98% 给自己创办的以他和妻子名字命名的“比尔和梅琳达·盖茨基金会”，这笔钱用于研究艾滋病和疟疾的疫苗，并为世界贫穷国家提供援助。

3.2 犹太人的经营哲学与智慧

3.2.1 犹太人创业思维

1. 知识是创新创业的源泉

犹太人做生意经常会有创新之举，这首先得益于其丰富的知识储备，能够细致地观察细节，紧紧地把握住商机。犹太商人十分重视子女的教育以及在实践中学习知识。在犹太人看来，知识是创新的源泉，创业做生意，假如知识储备不够，那就很难有创新的行为，即使商机近在眼前，也会视若无睹。所以，新时代的大学生创业者，更要重视学习，重视知识的积累。

2. 以前瞻思维把握商业趋势

犹太人做生意具有强烈的超前意识，“尽量多看几步”法则令全球众多商界人士叹服，比如，犹太商人很早之前就做出预判，无论经济如何发展，有两大行业都一定是经久不衰的，一个是关于女人的生意，如化妆品、首饰、珠宝等等，另一个是餐饮生意。于是，犹太人很早就在这两个行业上投入了大量财力物力，并屡有创新之举，收获大量财富。正是因为有了超前意识，犹太人在做生意时才不会将自己禁锢在以往的条条框框中，他们会有效寻求解决办法和解决途径。

3. 善于出奇制胜

犹太人做生意往往喜欢独辟蹊径、出奇制胜，认为使用的招数越奇特，就越容易形成创新，成功的希望也就越大。具体而言，犹太人做生意时，能够充分用己之长，因利而动，销售招数往往突出一个奇字，令竞争对手意料不到或措手不及，让消费者有意外惊喜和强烈的冲击感。犹太人还很善于审时度势，操纵商机，靠出奇抓住市场上有“利”可图的一切机会，从而使自己获得财富。

3.2.2 犹太人的创业哲学和智慧

1. 犹太人经商和立业的哲学

谁是贤人？从所有人身上学习的人是贤人。谁是英雄？战胜自己的人是英雄。谁是富人？对自己满足的人是富人。谁是被尊重的人？尊重别人的人是被尊重的人。贤人有七德：一是不班门弄斧，二是不打断别人的话，三是不急于求成，四是提问要有针对性，五是解答要符合情理，六是谈话要有始有终，七是要立足于实际。

8. 犹太人的经营法则

在死之前不要自负。不能站在别人的立场上，就不要妄下判断。不要评论你不知道的事物。一切都可以预见，而你有选择的自由。要知道，世界是由爱来区分的。

2. 为钱走四方

犹太商人转战南北、广为联系，做成了一笔又一笔大大小小的生意。只要和犹太人做生意，谁都是朋友。他们不仅自己天马行空，四处奔游，贩进卖出，而且还鼓励别人这么做。资本主义世界市场形成后，犹太人已不满足于小打小闹了。

他们是四处行走,贩布帛,卖珍珠,做四方的生意,赚取八方的钱财。一个关于犹太人的经济神话说:犹太人控制着社区的、家庭的,还有全世界的银行、货币供应、经济和商业。犹太人是真正的世界性的商人。

3. 能赚钱的智慧才是真智慧

犹太人认为赚钱是天经地义、最自然不过的事。犹太商人赚钱强调以智取胜。犹太人认为,金钱和智慧两者中,智慧比金钱重要,因为智慧是能赚到钱的智慧,也就是说,能赚钱方为真智慧。

4. 瞄准女人

犹太经商法公理之一:瞄准女人。犹太人行商 4 000 年,总结出两条不证自明的公理,其中第一条就是瞄准女人。对于这一"公理",犹太人毫不怀疑。所谓经商法,就是要"席卷"别人的钱。不论古今,或者何处何地,如想赚钱,就必须瞄准女人。

5. 瞄准嘴巴

犹太经商法公理之二:瞄准嘴巴。这是庸俗的凡人也可以做的生意。可以说,嘴巴是消耗的无底洞。按照犹太人的说法,所谓"嘴巴"生意,是同吃有关的生意。小而言之,犹太人主张经营蔬菜店、鱼店、酒店、杂货店、米店、点心铺及水果店等,因为做这些生意一定会赚钱。大而言之,犹太人主张做餐饮生意。

6. 78∶22 法则

在自然法则中,有一个 78∶22 法则,在漫长的经商生涯中,犹太人发现这个自然法则与一些商业经营活动有着天然的内在联系。首先,让我们画一个边长为 10 cm 的正方形,再做一个内切圆,然后计算一下它们的面积,你就会发现,一个面积为 100 cm^2 的正方形,它的内切圆的面积是 78.5 cm^2,其余面积为 21.5 cm^2。因而"78∶22"是一个"规矩方圆"中不可逾越的法则。犹太人把这条法则作为从事一切商业活动的基础,作为一个总的指导原则。正是因为有了这条根本法则,犹太商人做起生意来,总是左右逢源,得心应手。也许有人会问,他们在商业运作中,是如何运用这个 78∶22 的法则,去赢得优势的呢?这个 78∶22 法则,在犹太商人手里,主要是一个用来把握全局的指导原则。钱在有钱人手里,所以我们要赚有钱人的钱,就可以快赚钱和赚大钱。这就是犹太商人的经商哲学,而这一哲学来自他们对世界的看法。

7. 赚而不是攒

商人,是以经商赚钱为天职。立足于赚,说的就是商人的天职所在。自大流散以来,作为其寄居城市的独特生存状态,犹太民族基本上保持了一个商人民族的身份。尽管他们一再被剥夺得两手空空,但在任何一个社会,只要有那么一段不很长的和平时期，犹太人就可以从事商业活动，由同钱打交道而迅速崛起。这犹如沙漠中一颗晒干的种子，只要一场小雨，就会马上萌发而蓬蓬勃勃地生长起来。犹太商人大都有白手起家的传统，至今世界上著名的犹太富豪中，不少不过二三代人的历史。但是，他们没有靠攒小钱致富的传统。犹太人是一个酷爱智慧的民族，犹太商人也是非常善于以智取胜的商人，而用攒钱的方式积累财富，他们认为不可取。

单元 4 当代大学生的创新创业精神能力培养

4.1 创业者应具备的综合能力

大学生创业者实现成功创业，取决于具有坚韧不拔、勇于创新、团结协作、诚信经营等创新创业精神。同时，在激烈的市场竞争环境中，创业者要能够综合运用各种能力。

4.1.1 学习能力

创业者需要的知识是综合的，不局限于某一方面或某一领域，所以创业者需要提升综合学习和实践能力。学习能力即获得知识的能力，包括对知识的接受、转化与应用。学习能力包括制定学习目标和规划的能力、阅读能力、分析归纳能力、信息检索能力等。一是能以最快的速度、利用最短的时间从各类有价值的资源中学到新知识、获得新信息。二是将学到的新知识、新信息应用于创业实践，转化为工作经验，不断创新发展。三是开阔视野，终身学习。创业是一项事业，每个时代有每个时代的机遇，特别是在互联网时代，知识更新速度不断加快，固化的知识结构和思维模式难以适应新时代发展步伐，所以创业者需要终身学习能力。

4.1.2 组织领导能力

创业者具备的组织领导能力首先是管理和用人的能力。作为企业的管理者，最重要的一项行动，就是树立榜样，即以自己的言行树立一个团队的榜样，具备对员工的指挥、调动、协调以及对非人力资源的集中分配、调度、使用能力。组织领导者的魅力包括远见、表述目标的能力、对目标的坚定信念等。

4.1.3 团队协作能力

创业者应具备协作能力，协作是创业者事业成功的重要支持力量，协作性是一种善于理解对方，善于合作共事的心理品质，这与创业者独立思考、自主行动并不矛盾。培养协作能力是创业者获得他人支持的重要前提条件。

创业如同拔河比赛，人心齐、泰山移。团队的力量正在被越来越多的人看好，尤其是创业起步阶段，如果没有一个成功的团队，再完美的创业计划也会落空。

4.1.4 创新创造能力

创新创造是企业的生命之源，创新深刻地影响着企业的发展，一个企业只有不断创新变革，才能增强企业核心竞争力。创业者只有具备创新创造能力，不故步自封，做到与时俱进，才能带领团队和企业立于不败之地。

4.2 创业者应具备的经营管理能力

经营管理能力是指对人员、资金及各项经营活动的管理能力，它涉及人员的选择、组合和优化，也涉及资金的投入、分配和使用等。经营管理能力是一种较高层次的综合能力，是运筹性能力。经营管理能力要从学会经营、学会管理、学会用人、学会理财、要讲诚信等五方面去努力。

4.2.1 经营管理能力

创业者首先应该是一个出色的经营者，创业会面临错综复杂的经营中的问题，需要培养及时获取市场信息和资源的能力；需要具有对内外经营环境进行分析、掌控能力；需要拥有判断、决策、统筹等能力。创业者一旦确定了创业目标，就要组织经营实施，为了在激烈的市场竞争中取得优势，首先必须学会经营。

创业者还要学会管理，管理包括质量管理、效益管理、资源管理等。要坚持质量第一的原则。产品和服务的质量是企业的生存之本。创业者还要学会效益管理，无效益的管理是失败的管理，无效益的创业是失败的创业。做到效益最佳就要求在创业活动中人、物、资金、时间的使用，都要选择最佳方案。例如，做到不闲置人员和资金、不空置设备和场地、不浪费原料和材料。同时，创业者还要对本企业、员工、消费者、顾客以及整个社会都抱有高度的责任感。

4.2.2 人员管理能力

市场的竞争是人才的竞争，谁拥有人才，谁就拥有核心竞争力。一个企业或团队没有优秀的人才，就难有好的经济效益和社会效益。一个创业者不吸纳德才兼备、志同道合的人共创事业，创业就难以成功。因此，要学会吸纳优秀人才并做好人力资源管理。

4.2.3 资金管理能力

首先,要学会开源节流。开源就是培植财源,在创业过程中除了抓好主要项目创收外,还要注意广辟资金来源。节流就是节省不必要的开支,树立节约每一滴水、每一度电的意识。大凡百万富翁、亿万富翁都经历了聚少成多、勤俭节约的历程。其次,要学会管理资金,一是要把握好资金的预决算,做到心中有数有度。二是要把握好资金的进出和周转,每笔资金的来源和支出都要记账,做到有账可查。三是把握好资金投入的论证,投入资金都要进行可行性论证,保证利用好每一笔资金。

4.2.4 分析决策能力

分析决策能力主要包括:一是日常多进行市场调查,在调查的基础上进行决策;二是要养成多思考的习惯,对可能出现的结果进行分析,同时充分准备应对措施;三是向同行学习,集思广益。决策能力是各种综合能力的体现,主要包括选择最佳方案的决策能力、风险决策能力、有效控制能力。

课堂训练

模拟创办一家奶茶店

活动目的:通过创业模拟使学生在活动中体会创新、合作、执着在创业过程中的重要作用,培养学生的决策能力、创新能力、经营管理力能和人际交往能力。

活动内容:班级以5名同学为一个创业团队,模拟合伙创办一家奶茶店。同时,班级派3名同学,一名模拟房东,另外两名模拟客人,给各创业团队的奶茶店打分。奶茶店启动资金为50 000元。其中,每月房租在2 000~3 500元之间;店铺装修和设备费在10 000~15 000元之间;其他为流动现金。具体活动流程如下:

1. 各小组内部协商,确定组织和分工,包括店长、奶茶调制人员、服务员等。

2. 各小组派出同学就租期、价格与房东谈判,以合理的租期、最低的房租租下店铺。

3. 各小组内部协商,确定经营的项目、店铺装修方式和营销策略。列出经营项目面对的顾客群体,经营特色等。

4. 将以上结果记录下来。

5. 模拟客人的同学深入到各小组,并根据下表为各小组打分表。

活动评价表

评分标准	满分	实际得分	备注
人员分工是否合理			
房租(房租越少、期限合理分越高)			
经营项目有基本的目标顾客、市场分析			
营销策略的创意效果			
店铺装修的创意效果			
总分			

结合本模块相关内容的学习,请同学们完成创新创业能力的个人分析报告(字数:800~1 000 字)。

【延伸阅读】——《比尔·盖茨——榜样的力量》《中华文明简史》《中国古代商业文化史》《创业从 0 到 1》

模块二　组建团队——开启创新创业之路

导入语

现代社会中，科学技术、创业人才、风险投资和资金可以说是有很多，但是优秀的创业团队却很缺乏。创业者面临的最大挑战就是建立一支优秀的创业团队。一个企业如果没有优秀的创业团队，是难以成长的。所以认识创业团队的重要性、掌握管理创业团队的技巧与策略，认识创业团队领袖的角色与作用是十分必要的。

案例导入

腾讯五虎将：难得的黄金创业团队

1998 年马化腾与同学张志东合资注册深圳腾讯计算机系统有限公司。之后又吸纳了三位股东：曾李青、许晨晔、陈一丹。

为避免彼此争夺权力，马化腾在创立腾讯之初就和四个伙伴约定清楚：各展所长、各管一摊。马化腾是 CEO（首席执行官），张志东是 CTO（首席技术官），曾李青是 COO（首席运营官），许晨晔是 CIO（首席信息官），陈一丹是 CAO（首席行政官）。团队保持稳定的一个关键因素，就在于搭档之间的“合理组合”。

曾李青：市场干将

曾李青是一名市场运营的干将，他为当年腾讯市场的开拓出谋划策，是腾讯最终能够上市的核心因素。

陈一丹：沉稳

陈一丹性格沉稳、严谨低调。他的管理特点是既能兼顾效率，又能兼顾人性化的管理，使公司内外符合相关的规定和政策，在一条稳定的道路上发展。

张志东：技术天才

张志东：是一个技术天才，全面负责集团专有技术的开发工作，包括基本即时通信平台和大型网上应用系统的开发。

许晨晔：笃定

许晨晔全面负责网站财产和社区、客户关系及公共关系的策略规划和发展工作。许晨晔曾笃定地说："我虽然不知道要做的事情能到怎样的程度，但是我知道大家肯定是认认真真地去做，所以这个事情我就值得参与。"

请思考：

1. 优秀的创业团队有什么样的特点？

2. 创业领袖与团队的关系？

▶单元 5 创业团队

风险投资之王约翰·杜尔说过:“当今的世界充斥着丰富的技术、大量的创业者和充裕的风险资本,而真正缺乏的是出色的团队。如何创建一个优秀的团队将会是你面临的最大挑战。”创业关注的核心并不是个人英雄主义的个体创业者,而是卓有成效的创业团队。

5.1 创业团队

创业团队的概念有狭义和广义之分。狭义的创业团队是指有着共同目的、共享创新创业收益、共担创新创业风险的一群经营新成立的营利性组织的人,他们提供一种新的产品或服务,为社会提供新增价值。广义的创业团队不仅包含狭义创新创业团队,还包括与创新创业过程有关的各种利益相关者,如风险投资商、供应商、专家咨询群体等。

5.2 创业团队类型

按照不同的划分标准,创业团队有很多类型,这里主要介绍两种类型。

5.2.1 星状创业团队

1. 星状创业团队的概念

星状创业团队也称领袖型创业团队,在团队形成之前只有一个核心人物,他的创新创业想法形成团队的思想,团队因他的思想而组建,成员也由他来选择,成员在团队中更多的时候是充当支持者的角色。整个团队呈众星拱月的形状。

2. 星状团队的特点

(1)组织结构紧密,向心力强,组织者对其他成员影响巨大。

(2)决策程序相当简单,组织效率较高。

(3)权力相对集中,决策失误风险较大。

(4)组织者拥有绝对的权威,当成员与其冲突时,成员往往选择脱离团队。

5.2.2 网状创业团队

1. 网状创业团队的概念

网状创业团队也称伙伴型创业团队,成员一般在创业之前就有密切的关系,比如同学、亲戚、同事、朋友等。全体成员形成共识后,进行共同创业。在网状创业企业内部,没有权威,成员根据各自的特点进行自发的角色定位。

2. 网状创业团队的特点

(1)团队没有明显的核心,结构较为松散。

(2)决策时,一般通过大量沟通和讨论达成一致意见,因而组织效率相对较低。

(3)团队成员地位平等,一般容易形成多头领导。

(4)团队成员冲突时,一般采用协商解决,不会轻易离开。如果冲突升级,会导致团队涣散。

5.3 创业团队的重要性

比尔·盖茨曾说:“我一向排斥企业家这个字眼,企业家一词对我是个抽象的概念,我自己是个软件工程师,而我决定要找一群人来一起工作,这群人经过一段时间的成长,创造出越来越多的产品。”当创业者决定创业,并选定了创业项目后,最重要的任务就是组建创业团队。创业团队对创新创业的重要性在于,创业团队是由一群“目标一致、优势互补、利益共享、责任和风险共担”的人组成的,能实现团队整体力量大于团队成员力量之和,团队合作取得的整体业绩超过团队成员个人业绩的总和。实现了优势叠加,共同的目标激发了团队的合作精神和奉献精神。能充分调动团队成员的所有资源和才智,为创新创业注入强大的能量,并且会自动地驱除不和谐与不公正的现象。团队成员自觉自愿合作,将产生一股强大而且持久的力量。

创业团队对企业的成功有着重要的影响,一项针对美国在20世纪60年代创办的104家高科技企业的研究报告指出,在年销售额达到500万美元以上的高成长企业中,有83.3%是由创业团队建立的。

5.4 创业团队的组成要素

创业团队的组成要素包括创业目标、创业人员、创业团队的定位、权限、创业计划。

1. 创业目标

创业团队有一个明确的目标，目标引导团队成员的思想和行为。没有目标，团队就没有存在的价值。

2. 创业人员

人是构成创业团队最核心的力量，三个或者三个以上的人就可以构成团队。

目标是通过人员具体实现的，所以人员的选择是创业团队中非常重要的一部分。在一个团队中可能需要有人出主意，有人订计划，有人实施，有人组织协调，还有人监督团队工作的进展并评价团队最终的贡献，不同的人通过分工来共同完成团队的目标，因此在人员选择方面要考虑到人员的知识、能力和经验如何，技能是否互补。

3. 创业团队的定位

创业团队的定位包含两层意思：一是创业团队的定位，确定团队在企业中处于什么位置，由谁选择和决定团队的成员，团队最终应对谁负责等；二是个体的定位，对团队成员进行明确分工，确定各自承担的责任。

4. 权限

在创业团队当中，一是团队领导人的权力。团队领导人的权力大小与创业团队的发展阶段相关。一般来说，在创业团队发展的初期，领导权相对比较集中，团队越成熟，领导者拥有的权力相应越小。二是团队权力。要确定整个团队在组织中拥有什么决定权，比方说财务决定权、人事决定权等。

5. 创业计划

计划是对达到目标所做出的安排，是未来行动的方案，可以把计划理解成目标实施的具体工作程序。计划只有一步一步地认真落实，才会贴近目标并最终实现目标。

5.5 创业领袖与团队组建

创始人是创业公司的开创者，可以是一个人，也可以是几个人。创业领袖，是创业公司的核心。一家公司,创业过程如果没有领袖级人物,很难成功。换句话说,领袖能力够强,创业公司的成功率就高。一个军队如此、一个团队如此、一家企业也是如此。商界所有出色的企业,都有一流的领袖人物。

比尔·盖茨曾说:“如果把我们公司顶尖的20个人才挖走,那么我告诉你,微软会变为一家无足轻重的公司。”创业之初组建一支才能互补、责任共担、愿为共同的创业目标而奋斗的创业团队,可以调动创业者所有的资源和才智,形成强大而且持久的核心竞争能力,提高创办企业的成功率。

5.5.1 团队组建的原则

1. 目标明确合理原则

目标必须明确,这样才能使团队成员清楚认识到共同的奋斗方向是什么。与此同时,目标也必须是合理的、切实可行的,这样才能真正达到激励的目的。

2. 互补原则

创业者之所以寻求团队合作,其目的就在于弥补创业目标与自身能力间的差距。只有当团队成员相互间在知识、技能、经验等方面实现互补时,才有可能通过相互协作发挥出“1+1>2”的协同效应。

3. 精简高效原则

为了减少创业期的运作成本,最大比例地分享成果,创业团队人员构成应在保证企业能高效运作的前提下尽量精简。一般而言,创业团队的人数控制在3~5人为宜。人数太少,许多工作无法开展;人数太多,思想不易统一。合理的创业人数,便于领导与管理。

4. 动态开放原则

创业过程是一个充满了不确定性的过程,团队中可能因为能力、观念等多种原因不断有人离开,同时也有人在要求加入。因此,在组建创业团队时,应注意保持团队的动态性和开放性,使真正完美匹配的人员能被吸纳到创业团队中来。

5.5.2 创业团队组建的影响因素

创业团队的组建受多种因素的影响,这些因素相互作用共同影响着组建过程并进一步影响着团队建成后的运行效率。

1. 创业者

创业者的能力和思想意识从根本上决定了是否要组建创业团队、团队组建的时间表及由哪些人组成团队。创业者只有意识到组建团队可以弥补自身能力与创业目标之间存在的差距,才有可能考虑是否需要组建创业团队,以及对什么时候需要引进什么样的人员才能和自己形成互补做出准确判断。

2. 商机

不同类型的商机需要不同的创业团队类型。创业者应根据创业者与商机间的匹配程度，决定是否要组建团队以及何时、如何组建团队。

3. 团队目标与价值观

共同的价值观、统一的目标是组建创业团队的前提。没有一致的目标和共同的价值观，创业团队即使组建起来，也无法有效发挥协同作用。

4. 团队成员

创业团队成员的才能互补是组建创业团队的必要条件。而团队成员间的互信是形成团队的基础。互信的缺乏，将直接导致团队成员间出现协作障碍。

5. 外部环境

创业团队的生存和发展直接受到制度性环境、基础设施服务、经济环境、社会环境、市场环境、资源环境等多种外部要素的影响。这些外部环境从宏观上影响着创业团队的组建。

课堂训练

三国时代蜀国可以说是依靠创业团队建立国家的范例，刘备、关羽、张飞在《三国演义》中都有鲜明的个性标签。作为一个创业团队，请评价他们每个人的作用，他们组建的团队优势与不足各有哪些？

5.5.3 创业团队组建的主要工作

创业团队的组建是一个相当复杂的过程，不同类型的创业项目所需的团队不一样，创建步骤也不完全相同。

1. 明确创业目标

创业团队的总目标就是要通过完成创业阶段的技术、市场、规划、组织、管理等各项工作使企业从无到有、从起步到成熟。总目标确定之后，为了推动团队最终实现创业目标，再将总目标加以分解，设定若干可行的、阶段性的子目标。

2. 制订创业计划

创业计划是在对创业目标进行具体分解的基础上，以团队为整体来考虑的计划，创业计划确定了在不同的创业阶段需要完成的阶段性任务，通过逐步实现这些阶段性目标来最终实现创业目标。

3. 招募合适的成员

招募合适的成员也是创业团队组建最关键的一步。创业团队成员的招募主要考虑的因素有两个。一是互补性,即考虑其能否与其他成员在能力或技术上形成互补。这种互补性既有助于强化团队成员间彼此的合作,又能保证整个团队的战斗力,更好地发挥团队的作用。一般而言,创业团队至少需要管理、技术和营销三个方面的人才。只有这样才形成良好的沟通协作关系,创业团队才可能实现稳定高效运转。二是考虑适度规模,适度的团队规模是保证团队高效运转的重要条件。团队成员太少无法实现团队的功能和优势,而过多又可能会产生交流的障碍。

4. 职权划分

为了保证团队成员执行创业计划、顺利开展各项工作,必须预先在团队内部进行职权的划分。创业团队的职权划分就是根据执行创业计划的需要,具体确定每个成员所要担负的职责以及所享有的权限。团队成员间职权的划分要避免职权的重叠和交叉,也要避免无人承担造成工作的疏漏。此外,由于创业过程中,面临的创业环境是动态复杂的,成员可能出现更迭,因此,团队成员的职权也需要动态调整。

5. 构建创业团队制度体系

一方面,创业团队通过各种约束制度避免其成员做出不利于团队发展的行为,对其行为进行有效的约束、保证团队的稳定秩序。另一方面,创业团队要实现高效运作,就要有有效的激励机制,这样团队成员能看到随着创业目标的达成,其自身利益将会得到怎样的改变,从而达到充分调动成员的积极性、最大限度发挥团队成员作用的目的。

6. 团队的调整融合

团队调整融合是一个动态持续的过程,团队要针对运行中的问题不断调整直至满足实践需要为止。在进行团队调整融合的过程中,最为重要的是要保证团队成员间有效的沟通与协调,培养、强化团队精神,提升团队士气。

5.6 创业团队的成长

创业企业要实现良好的成长,一靠团队,二靠制度。初期需要一个合适的创业团队和合适的初始制度。在成长过程中,创业团队需要“新陈代谢”,相应地需要企业制度的“与时俱进”,目的都是使创业企业价值创造力能够形成、保持和可持续提升。

5.6.1 团队文化:学习分享氛围

1. 培训和技术分享

通过分享的形式,让大家对一个问题进行深入的研究,只有研究透彻了才能做好分享,同时可以指定议题,全员领取感兴趣的议题,进行深入学习后做总结分享,培养学习与分享的习惯。

2. 适当的管理培训

可以根据实际情况制定或者选择适合不同层级员工的培训内容,比如技术人员可以培训编程能力,产品团队可以培训沟通技巧,管理人员可以培训团队合作、项目管理、人事管理、沟通技巧、员工激励等方面的内容。

3. 个人成长放入工作绩效

督促员工学习,并且有突出成绩的需要给予奖励,没有达到目标的给予惩罚。

4. 心态调整

企业员工换工作、人员流动都是正常的,企业应保持开放的心态接受。开放心态可能会吸引更多的优秀员工。

5.6.2 创业初期的团队

招聘乐于挑战的人、全能的人比某一个方面的专家更适合创业初期阶段,认同公司的价值观和使命比较重要。让业务先跑起来,再做优化。这就需要管理者把提升团队成员水平作为日常的重要工作来进行,通过各种途径提升团队成员水平,让忠诚的普通员工也可以在新的形势下有一席之地。

5.6.3 价值观与使命感

培养一批与公司同心同德、共进退的核心员工,允许保留一部分非发自内心拥护公司的人,但是不能作为核心员工以及主管候选人,因为他们可能会在关键时候撂挑子。通过对核心员工的企业使命与公司战略的培训,培养他们的忠诚度和执行力,避免他们在关键时刻撂挑子。

5.6.4 找到自己的定位

1. 实干者

现实、传统甚至有些保守,崇尚努力,计划性强,喜欢用系统的方法解决问题;有很好的自控力和纪律性,对公司的忠诚度高,为公司整体利益着想,较少考虑个人利益。对工作有一种责任感,效率很高,可靠,有较强的处理具体工作的能力,实干者在企业中作用巨大。

2. 协调者

能够引导一群不同技能和个性的人向着共同的目标努力。相信自己能代表这个团队中的公众影响力,有很好的自控力。擅长领导一个具有各种技能和各种特征的群体。

3. 推进者

办事效率高,自发性强,目的明确,有高度的工作热情和成就感;在推进过程中,如果遇到问题和困难,总能找到解决问题的办法。是行动的发起者,在团队中活力四射,尤其在压力下工作精力旺盛;是高效的管理者,敢于面对困难并且义无反顾地加快速度。推进者是团队快速行动的最有效成员,这是推进者对团队重要的贡献。

4. 创新者

拥有高度的创造力,思路开阔,观念新,富有想象力;其想法往往十分偏激和缺乏实际感;不受条条框框约束,不拘小节;有创造力,可以不断出新点子,有时比较个人主义,总是从自己的想法、个人的思维出发,不太考虑周围人的感受。常常提出一些新想法,这对团队开拓新的思路很有帮助。通常在一个项目刚刚启动的时候,或团队陷入困境不知怎么办的时候,创新者显得非常重要。

5. 信息者

信息者外向、热情,是对外界信息非常敏感的人。适合做外联和持续性的谈判工作,信息者通常具备从自身角度出发获取信息的能力。

6. 监督者

严肃、严谨、理智,很冷静,非常谨慎,思前想后,综合考虑各方面的因素,一个好的监督者善于分析和评价,善于权衡利弊、选择方案。很多监督者处于企业的战略性位置中。

7. 凝聚者

温文尔雅,善于跟别人打交道,善解人意,会把自己融入群体中去,合作性非常强,信守“和为贵”。只要有通透的环境,凝聚者就是一个能起很大作用的人,有凝聚者在的时候人们能够协做得更好,团队的士气也更高,是团队的润滑剂。

8. 技术专家

热衷于自己的本职专业,甘心奉献,工作就是要维护一种标准,而不能降低这个标准;诚心诚意、主动性很强、甘心奉献;为团队的产品和服务提供专业的支持。

课堂训练

依据创业团队组建的原则和方法，学生自由组建团队(3～5人)、确定团队中角色，拟订一个增强创业能力的计划和组建创业团队的方案。

单元 6

创业团队管理

创业团队组建完成后,就需要思考如何进行创业团队管理。把一群不同个性、不同能力的人组建到了一起,如何实现"1+1>2",是领导者需要思考的问题。高效创业团队一般具备九大特征,它们分别为清晰目标、恰当领导、有效结构、开放沟通、一致承诺、相互信任、相关技能、外部支持、分享成果。

《西游记》中的创业团队,虽然是虚拟的,但是师徒历经百险求取"真经"的故事是中国文化的集中代表。如果从创业团队管理的角度剖析《西游记》,这个团队可视为一个行动有目标、领导有威信、成员能力互补性强的团队,因而能历经九九八十一难,最后修成正果、取得成功。从这个团队"终成正果"的成功经验中,可以分析总结出一些适用于创业团队管理的成功要诀(见表6.1,6.2)。

表6.1 《西游记》创业团队特征分析

创业团队特征	创业团队具体表现
清晰目标	团队目标:西天取经
恰当领导	唐僧有领导的三大素质:目标明确、善定愿景;手握紧箍,以权制人;以情感人,以德化人
有效结构	创业团队拥有德者(唐僧)、能者(孙悟空)、智者(猪八戒)、劳者(沙悟净)。德者居上:领导团队。能者居前:攻克难关。智者居侧:出谋划策。劳者居后:后勤保障
开放沟通	创业团队所有成员都可以提出自己的想法,具有良好的沟通环境。例如,孙悟空对猪八戒在具体工作上有管理权力,但他也限制不了猪八戒的言论自由,他自己的行为反而受到猪八戒的舆论监督
一致承诺	创业团队成员间虽时有矛盾,但大家都知道,只有到西天取得真经,方能修成正果。因此尽管想法思路不同,但大家愿意为了实现目标而努力奋斗

续表 6.1

创业团队特征	创业团队具体表现
相互信任	唐僧根据团队成员的不同个性进行了明确分工,每个角色负责工作不同,其他成员都会接受并积极配合,这是一种高度的信任
相关技能	整个团队素质较高,人才结构也合理,所拥有的专业技能很高,同时也具备深厚的相关工作经验。例如,唐僧是金蝉子转世,孙悟空原身份为齐天大圣,猪八戒原身份为天蓬元帅,沙悟净原身份为卷帘大将
外部支持	创业团队拥有菩萨、佛祖、天宫等重要外部资源。一旦出现团队内部无法解决的危机,外部资源将给予团队重要的支持
分享成果	创业团队目标"西天取经"完成后,团队成员也都获得了各自的成就。唐僧被封为旃檀功德佛,孙悟空被封为斗战胜佛,猪八戒被封为净坛使者,沙悟净被封为金身罗汉

表 6.2 《西游记》创业团队管理经验

序号	内容
方法一	创业团队管理中负责人是关键,须德才兼备、恩威并重、知人善任
方法二	创业团队须具备借用外力的能力,要有良好的外部环境,也就是要有良好的人际关系网络
方法三	创业团队中既要有能人,也要有庸人。做到能庸搭配,能人不重叠,庸人不拥挤
方法四	创业团队要建立完善的制度,做到纪律严明,奖惩分明,公平公正
方法五	创业团队要培养强烈的团队精神与团队文化,增强团队的凝聚力

1. 目标管理

目标管理的具体做法可以分三个阶段:第一阶段为目标的设置;第二阶段为实现目标过程的管理;第三阶段为总结与评估。

(1)目标的设置。

目标制定后,要授予下级相应的资源配置的权力,实现权责利的统一。最后把每个团队成员的目标汇总,以便参考。

(2)实现目标过程的管理。

目标管理重视结果,强调自主、自治和自觉。但是领导在目标实施过程中的管理是不可缺少的。

(3)总结和评估。

达到预定的期限后，下级首先进行自我评估，提交书面报告；然后上下级一起考核目标完成情况，决定奖惩；同时讨论下一阶段目标，开始新循环。如果目标没有完成，就分析原因总结教训，切忌相互指责，以保持相互信任的气氛。

2. 流程化管理

流程化管理，是一种以规范化的点对点的卓越业务流程为中心，以持续的提高组织业务绩效为目的的系统化方法。流程化的管理减少了团队成员盲目与重复的工作，提高了团队的工作效率。因此一个高效团队的打造，离不开流程化的管理。

3. 有效管理

有效管理是针对具体团队，在适当的时机，做出正确的决策，赏罚分明。

4. 绩效管理

通过团队组织制订绩效计划，进行绩效监控、绩效考核，绩效反馈与改进，以促进团队成员业绩持续提高，并最终实现团队目标的一种管理过程。

5. 期望管理

团队成员期望，是指团队成员通过对自身掌握的信息和从外部获得的信息，在进行综合分析、评估的基础上，在内心所形成的对团队提供给自己的“产品”（包括工作、薪酬、福利等）的一种基本要求，并据此对团队形成的一种期望。年终团队里有的人实现了自己的期望，有的人没有实现。对于没有实现期望的团队成员，团队管理者要与他们交谈，与他们分析没有实现的原因，给他们关怀和信心，帮助他们在未来实现，否则当机会来的时候，他们很可能会离开团队；对于实现了期望的团队成员，要引导他们形成新的、更高的期望，否则，这部分成员也会离开，因为他们认为自己有更高的能力，便会去寻找实现更高期望的地方。

目标管理，让团队成员有了工作的方向；流程化管理，为团队成员提供了便捷的工作方法；有效管理，提高了团队成员的工作效率；绩效管理，让团队成员更加有激情和动力去工作；期望管理，让团队成员长期稳定地去服务团队。通常情况下，对于任何一个公司或组织来说，其团队都必须具备五个基本要素，即目标、定位、职权、计划和人员。这五个要素构成了一个团队的基本框架。

课堂训练

通过头脑风暴、小组讨论的形式，你认为团队采用的激励方式有哪些？如何恰当运用这些方式去激励团队成长？

单元 7

组建大学生创新创业团队

7.1 寻找优秀合作者

很多创业公司发展的瓶颈就是合伙人团队的瓶颈。那么如何破解这一难题，以下创始人寻找到优秀合伙人的四步法会给很多企业带来帮助。

7.1.1 寻找合伙人——人物画像

杰夫·贝索斯曾说道："制定人才聘用高标准，现在是、将来也是公司成功最关键的要素。"创始人产生创业想法之后，紧接着考虑的就是寻找志同道合的合伙人。寻找合伙人的第一步就是要思考你想找到什么样的合伙人，什么样的合伙人才能一起把你宏伟的想法变成现实。

过去的经验和现在的能力是预测未来成功的关键影响因素，就如要评估一个运动员在即将到来的比赛中的成绩，是通过他过去的训练表现、以往比赛成绩等来预测。但现在我们面临的环境是多变的、复杂的、难以预测的，因此除了考察以往的因素，评估其未来的潜力更具有价值。而且对于创业企业来说，除非创始人具备耀眼的职业经历、资本或社会影响力，否则很难找到经验和能力俱佳的合伙人，创始人从潜力角度去评估，更易发现具备合伙人潜质的人才。当然共同的价值观和教育背景也是重要的评估要素。

7.1.2 合伙人在哪里——五同关系网："同学、同事、同志、同行、同乡"

组建合伙人团队是企业创始人最关键的事情，创始人不可能大规模地采用公开人才筛选的方式去寻找合伙人，创始人面对茫茫人海最困惑的就是去哪里找合伙人，我们从知名企业创始人寻找合伙人的实例中也许能找到答案。

【课堂案例】

1. 腾讯合伙人团队:五虎将

腾讯的五位创始人在创业前的关系是同学和同事。

其中马化腾、张志东、许晨晔和陈一丹是从中学到大学的校友,前三位是深圳大学计算机系的同学,而曾李青则是马化腾姐姐的同事,也是许晨晔的同事。

马化腾认为:这样的关系心态上会好很多,可以相互吵架不记仇,而在外面萍水相逢的,遇到争执的话很容易出问题。

腾讯的这种基于同学和同事关系的合伙人团队,分工明确、各有所长、相互信任、价值观一致,形成了理性的标杆创始合伙人团队。

2. 百度创始合伙人团队:七剑客

百度最早的七大创始人分别为:李彦宏、徐勇、刘建国、雷鸣、郭眈、崔姗姗、王啸,被业内称"百度七剑客"。

因李彦宏美国留学和工作的背景,百度的合伙人构成和阿里、腾讯的合伙人构成有很大的不同,有校友关系的是三位,而且不是直接的校友关系,是通过妻子和行业专业交流认识的,有三位是通过公开招聘渠道加入的。

李彦宏没有国内积累的人脉,因此没有感情较深厚的同学、朋友资源,作为在外企工作的顶尖技术专家,通过公开招聘寻找合伙人便是可行的选择方式,但有校友关系的合伙人占比仍然达到 50%。

不是所有的同学、同事、同志、同行、同乡都可以做合伙人,但是从五同圈子中选到合适合伙人的方式是创始人寻找合伙人的最靠谱、最高效的方式。

7.1.3 评估合伙人——按画像找人:清单式的评估法

当创始人要寻找合伙人的时候,不妨列出基于亲密关系的五同圈子的人的名单,按画像找人,依据合伙人标准进行一一对照,以寻找合适的合伙人。

当年雷军在选择创办小米时,没有硬件创业的经验,所以要搞定硬件工程师非常困难,而雷军当初的做法就是:"用 Excel 表列了很长的名单,一个个找合伙人。"

到底如何评估候选人是否是创始人需要的合伙人?这一难题困扰了很多人。

解决方案是:人才标准的评估法。

把你想找的合伙人标准列成菜单式的项目,通过提问、考察实际表现,并进行评分,评估清单上的合伙人,最终选择出优秀的合伙人。但是,价值观、潜力等冰山下面的素质能力很难像知识一样直观地观察或评估到。在评估的时候要听其言更要观其行,关键是评估行为表现。也许创始人会在没有太足的底气和自信的情况下去评估合伙人，在有一些疑惑，比如动机 、背景的真实性等还没搞清楚的情况下去决策，但往往合伙人加入创业团队后，这些困惑会变成合伙的阻碍，也增加了团队风险。在难以采取理性、科学工具评估的时候，善于用感性的判断也许有利于帮助创始人决策。创始人可以多问自己几个问题：

(1)这个人是理想的人选吗？如果不是有多大的差距？

(2)我想让这个人当我的老板吗？

(3)我能从这个人身上学到更多的东西吗？

(4)如果这个人为竞争对手工作，会怎样？

(5)这个人能给我们企业带来更大的价值吗？

问过以上的问题后，也许创始人对人才的决策会更决断和精准。

7.1.4 吸引到合伙人

即使创始人现在找到理想的合伙人人选，也往往没有那么容易说服他加入合伙人团队。

首先，自己要成为行业最优秀的人。卓越的人才倾向加入卓越的团队，要吸引到卓越合伙人，首先创始人必须是能得到合伙人拥戴的，能够相信创始人的事业愿景，被创始人的人格魅力所吸引。谷歌以顶尖的环境设施、企业文化和福利待遇而著称，但精英人才之所以选择谷歌，更重要的是能和顶尖的创意精英共事。其次，用事业愿景或梦想吸引合伙人，同时，合伙人要有共创、共享、共担精神。

创业阶段吸引合伙人的重要法宝就是股权激励。初创企业由于现金压力、盈利能力等原因不太能提供高额的薪资水平，以股权为代表的未来收益保障就成为吸引和绑定优秀合伙人的重要手段，同时，创始人也可以用股权来使合伙人有更强的企业认同感、归属感，传达共创、共享、共担的精神。

课堂训练

团队组建完成后，调研身边的创业团队，了解他们的组织架构及运行方式。了解优秀创业团队案例，分析它们有何共同点。

7.2 确立团队价值观

创业者在物色创业合作伙伴的过程中，往往由于彼此的价值观不同，所以无法在一起创业。而创业团队应该需要什么样的价值观呢？

7.2.1 不忘初心

初心，指最初的心愿、信念。在创新创业中就是指创业的社会价值问题，或者简单说是超越名利更有追求的东西。没有创业的初心，就会以金钱和名声来作为衡量创业成功的简单标准，一方面在大众普遍追逐名利的情况下，这种同质化竞争其实更难胜出，另外一方面会限制创业的格局和远见。或许是一桩划算的买卖，但不一定是长久的事业。正确的创业应该有美好的初心，感动自己然后感动别人，团结一群志同道合的人一起走下去。

7.2.2 信任

在创业的过程中，会面临太多的诱惑，造成大家更加想走捷径，不想自己吃亏而导致各种创业乱象。比如百度的搜索从过去的速递易到现在的云喇叭。云喇叭 APP 上市 3 个月左右发展较快，成都一个公司就对其名字、颜色、LOGO、VI、流程等赤裸无底线地完全抄袭，连市场推广也到云喇叭的快递员中去挖。靠抄袭难道能取得创业的成功？答案是否定的。

创业的过程本质是比拼蹚坑的耐心和快速跳出坑的能力。一个好的创业公司对市场、对用户、对竞争对手一定要有敬畏之心，有做人的底线和良心。虽然正路可能难行，但毕竟是朝着目标前行的正确方向。

7.2.3 说真话

在创业团队内部说假话会掩盖问题和增加沟通成本，会破坏团队成员之间的信任；在创业团队外部说假话，最多骗得了一时，却骗不了一世，终将会遭到用户和市场的唾弃；更可悲的是自己说假话，最终自己可能把自己都骗了，害人害己。创业公司说真话的好处是：沟通效率高、及时发现问题和对外建立信任。因为数据不好或者涉及商业机密，你可以不说话，但说真话的创业者不丢人。

7.2.4 多付出

“从群众中来，到群众中去”是创业成功的不二法门，来不得半点虚假。个人在团队中的地位及工资待遇方面也同样如此，因为公司是一个创业团队的整体组织，代表了大家的共同利益，所以公平性是创业公司的一个基本原则，只要你踏实付出就一定会有回报，创业公司的一切问题本质都是团战和自己个人努力不够的问题，没有其他借口，在一切困境和迷惑中，只有努力努力再努力才可能取得突破。

7.2.5 懂感恩

做创业的人有时难免年少轻狂,慢慢成熟了才明白趋势和伙伴的重要。人首先是社会化协作分工的,任何人的成功都离不开内部团队、外部伙伴和家人朋友的帮助支持。另外创业取得大的成就其实都是社会发展到一定历史阶段的必然趋势和客观规律,只是少数的创业幸运儿提前做好了准备加上说不清的幸运而已,所以创业取得的任何成绩更要真心懂得感恩。“心怀感恩,人才会更快乐。”

7.2.6 注重战略合作方向

从初创企业的发展壮大,到传统企业的转型升级,其实都离不开战略层面的考量。创建合适的团队,融合打包各种资源,用团结的力量来应对市场的变化,是每个创业团队必须面对的考验。

7.3 打造团队竞争力

创业团队的竞争力主要体现在以下几个方面:

1. 团队协调性

团队有很强的协调性,表现在分工明确,沟通及时,具有极强的可塑性和能动性,这就是团队的韧性,是团队高效率合作的基础。

2. 团队目标一致性

拥有共同目标的团队,才是具有大跨步发展基础的团队。目标不一致的团队只会导致徒劳无功。

3. 团队执行力

团队的执行力是创业企业快速适应市场变化的最核心力量。市场变动快,执行力不足的团队只有死亡。

4. 决策正确性

创业团队的方向决策必须正确,如果决策者选择了错误的路线,那么创业团队就不可能获得理想的结果了。

课堂训练

“赛为智能”周勇的创业生活

周勇是深圳市赛为智能股份有限公司董事长。当年,身为中南工业大学硕士生,周勇的理想是留校,成为一名知名的优秀教授。然而,他离开学校,迈入社会,到后来在商界崭露头角的关键,便是他在组织、参与湖南省第一次3所高校研究生联谊活动时所培养的能力。当时,身为外联部部长的周勇,积极投身此次活动。联谊获得了巨大的成功,而对于周勇来说,更为重要的是在活动的全程参与中,体会到了浓厚的集体荣誉感和社会责任感,自己的组织能力、语言表达能力、社交能力都有大幅的提升。

“赛才尚智,为德聚能”,这句话一直是促使“赛为”稳步前进的指导方针。周勇常说,一个人可以没有“才”,但不能没有“德”,才干可以培养,但如果失去了为人的品德,丧失了基本的职业道德,那便无药可救了。正是对自己、对员工这种高标准、严要求,以及以博大的胸怀理解员工、信任员工、关爱员工,才带出了一支优秀的团队。

周勇在事业上的成功,除了拥有一群得力助手之外,还因为有着自己自主研发的技术。周勇把研发比作“保证企业强大生命力的火种”。赛为通过多年的摸索和经验的积累,在专业的智能化领域、工程技术和服务方面,已处于领先地位。在谈及为何如此“钟情”于自主研发时,周勇感慨万千,他认为,自主研发的风险很大,但却是企业的“核心”,尤其是智能建筑行业。赛为自成立以来从未停止过自主创新,并且坚持从有限的资金中拿出一部分进行产品研发和技术创新,研发经费占销售收入的6%左右,以保证企业持续不断地稳步发展。“做一个对社会有用的人”,是周勇说得最多的一句话。周勇从商这么多年,坚持慈善事业,对公益事业一直积极参与,面对突发灾难,多次进行捐款。

选编自赖星满:《快乐生活快乐工作》,见《中南大学校友创业启示录系列丛书·实业富国(商海篇)》(中南大学出版社,2009),308-314页。

思考并回答:

分析周勇的创业案例,从周勇身上可以找到哪些值得借鉴的经验用在自己的创业团队的建设和管理上?

模块三　市场调研——寻找创新创业项目的金钥匙

导入语

市场调研关乎着创业计划的成功，市场调研是一项耗费心力的工作，与市场相关的客观因素诸如环境、政策、法规，以及与市场相关的主干因素如消费者需求、竞争对手等，任何一个方面都要经过详细的调查，不能敷衍了事。详细有效的市场调研有助于创业者做出更好的企业营销决策，减少失误，增强成效。了解市场调研的含义及内容、掌握数据收集与分析的方法能使创业者明确市场前景，投入力度和风险状况，把创业的风险和损失降到最低。

案例导入

吉列公司的市场调研

刮胡刀是男人刮胡子使用的，女人一般用不上。然而，美国的吉列公司却把"刮胡刀"推销给女人，并大获成功。

在1974年，吉列公司基于坚实可靠的调研基础，提出销售面向妇女的专用"刮毛刀"。吉列公司先用一年的时间进行了详细的市场调研，发现在美国30岁以上的妇女中，有65%的人为保持美好形象，要定期刮除腿毛和腋毛。这些妇女之中，除使用电动刮胡刀和脱毛剂之外，主要靠购买各种男用刮胡刀来满足此项需要，一年在这方面的花费高达7 500万美元。毫无疑问，这是一个极有潜力的市场。根据调研结果，吉列公司精心设计了新产品，它的刀头部分和男用刮胡刀并无两样，采用一次性的双层刀片，但是刀架则选用了色彩鲜艳的塑料，并将握柄改为弧形以利于妇女使用，握柄上还印压了一个雏菊图案。新产品显示了女性的特点。公司根据多数女性消费者的意见,选择了“不伤玉腿”作为推销时突出的重点,刊登广告进行刻意宣传。结果,雏菊刮毛刀一炮打响,迅速畅销全球。

请思考:

市场调研对于企业经营决策的重要性是什么?

单元 8 市场调研方法

8.1 市场调研

市场调研,是指为了提高产品开发的成功率、提高销售决策质量、解决存在于产品销售中的问题或组织根据特定的决策问题运用科学的方法有目的地收集、统计资料及报告调研结果的工作过程。

市场调研对营销管理的重要性就如侦察对军事指挥。不做系统客观的市场调研与预测,仅凭经验或不够完备的信息,就做出种种营销决策是非常危险的,也是十分落后的行为。

8.1.1 市场调研对营销管理的重要性

(1)提供作为决策基础的信息。

(2)弥补信息不足的缺陷。

(3)了解外部信息。

(4)了解市场环境变化。

(5)了解新的市场环境。

作为市场营销活动的重要环节,市场调研给消费者提供了一个表达自己意见的机会,使他们能够把自己对产品或服务的意见、想法及时反馈给企业或供应商。通过市场调研,能够让生产该产品或提供服务的企业了解消费者对产品或服务质量的评价、期望和想法。

8.1.2 市场调研的作用

市场调研的作用主要取决于使用者怎么运用调研结果,主要在五个方面发挥作用。

1. 制定科学策略

通过了解分析市场信息,可以帮助营销决策者了解当前营销策略以及营销活动的得失，有针对性地制定市场营销策略和企业经营发展策略。

企业管理部门和有关人员要针对某些问题进行决策时，如进行产品策略、价格策略、分销策略、广告和促销策略的制定，通常要了解的情况和考虑的问题是多方面的，主要有：本企业产品在什么市场上销售较好，有发展潜力；在某个具体的市场上预期可销售数量是多少；如何才能扩大企业产品的销售量；如何掌握产品的销售价格；如何制定产品价格，才能保证销量和利润两方面都能上去；怎样组织产品推销，销售费用又将是多少；等等。

这些问题都只有通过具体的市场调研，才可以得到具体的答复，而且只有通过市场调研得来的具体答案才能作为企业决策的依据。否则，就会形成盲目的和脱离实际的决策，而盲目则往往意味着失败和损失。

2. 把握发展契机

通过获得正确的市场信息，可以了解市场可能的变化趋势以及消费者潜在购买动机和需求，有助于营销者识别最佳的市场机会。

3. 应对市场竞争

市场竞争的发展变化日益激烈化，而促使市场发生变化的原因很多，包括产品、价格、分销、广告、推销等市场因素和政治、经济、文化、地理条件等市场环境因素。企业为适应这种变化，只能通过广泛的市场调研，及时地了解各种市场因素和市场环境因素的变化，从而有针对性地采取措施，通过对市场因素（如价格、产品结构、广告等）的调整，去应对市场竞争。

4. 改进企业经营

当今世界，科技发展迅速，新发明、新创造、新技术和新产品层出不穷，日新月异。这种技术的进步自然会在商品市场上以产品的形式反映出来。通过市场调研，可以得到有助于企业及时地了解市场经济动态和科技信息的资料信息，为企业提供最新的市场情报和技术生产情报，以便更好地学习和吸取同行业的先进经验和最新技术，改进企业的生产技术，提高人员的技术水平，提高企业的管理水平，从而提高产品的质量，加速产品的更新换代，增强产品和企业的竞争力，保障企业的生存和发展。

5. 整体宣传需要

市场宣传推广需要了解各种信息的传播渠道和传播机制，以寻找合适的宣传推广载体和方式，以及详细的营销计划，这也需要市场调研来解决。特别是高速变化的环境下，过去的经验只能减少犯错误的机会，企业更需要实时的信息更新来保证宣传推广的到位。通常宣传推广还需要引用强力机构的市场信息支持，比如在消费者认同度、品牌知名度、满意度、市场份额等各方面提供企业的优势信息以满足进一步的需要。

8.1.3 企业在市场调研方面存在的问题

市场调研是一个令很多企业管理者感到迷茫的问题:人力上,既没有专职的市场调研人员,也没有独立的市场部门;财力上,请不起专业的市场调研公司……而市场调研工作又不能不做,不做就不知道面对的对象是谁,他在想什么,做什么;不做就不知道自己的竞争对手怎么做或将要怎么做。

8.1.4 市场调研的步骤

(1)确定市场调研的必要性。

(2)定义问题。

(3)确立调研目标。

(4)确定调研设计方案。

(5)确定信息的类型和来源。

(6)确定收集资料。

(7)问卷设计。

(8)确定抽样方案及样本容量。

(9)收集资料。

(10)分析资料。

(11)撰写调研报告。

8.2 市场调研方法

8.2.1 文案调研

主要是二手资料的收集、整理和分析,渠道来自网上资料搜索和图书馆等书籍信息搜索。

8.2.2 实地调研

1. 询问法

询问法是调研人员通过各种方式向被调研者发问或征求意见来搜集市场信息的一种方法。它可分为深度访谈、GI 座谈会、问卷调查等,其中问卷调查又可分为电话访问、邮寄调查、留置问卷调查、入户访问、街头拦访等调查形式。

采用这个方法应注意:所提问题是必要的,被访问者有能力回答所提问题,访问的时间不能过长，询问的语气、措辞、态度、气氛必须合适。

2. 观察法

观察法是调研人员在调研现场，直接或通过仪器观察、记录被调研者行为和表情，以获取信息的一种调研方法。

3. 实验法

实验法是通过实际的、小规模的营销活动来调研关于某一产品或某项营销措施执行效果等市场信息的方法。实验的主要内容有产品的质量、品种、商标、外观、价格、促销方式及销售渠道等。常用于新产品的试销和展销。

4. 特殊调研

特殊调研有固定样本、零售店销量、消费者调查组等持续性实地调研；投影法、推测试验法、语义区别法等购买动机调研；CATI 计算机调研等形式。

5. 竞争对手调研

在市场竞争日趋激烈的今天，只有充分了解竞争市场情况，认识竞争对手，才能有获得成功的机会。

竞争对手调研的根本目标是通过一切可获得的信息来查清竞争对手的状况，包括：产品及价格策略、渠道策略、营销（销售）策略、竞争策略、研发策略、财务状况及人力资源等，发现其弱点，帮助自己的企业制定恰如其分的进攻战略，扩大自己的市场份额；另外，针对竞争对手最优势的部分，需要制定回避策略，以免发生损害企业的事件。

8.2.3 网络调研

网络调研是指利用互联网技术进行调研的一种方法。大多应用于企业内部管理、商品行销、广告和业务推广等商业活动中。

由于传统调研样本采集困难、调研费用昂贵、调研周期过长、调研环节监控滞后等问题进一步暴露，加之随着互联网的不断发展，科技不断完善，在线调研具有高效、便捷的特性，调研质量的可控性也不断增强，网络调研快速发展。

从产业角度来看，网络调研以技术创新为突破口，缩短了数据采集的周期，也加快了企业应对市场变化高效决策的进程。如今，新冠疫情也让更多的企业和专业人士认识到网络调研的优势所在。

1. 网络调研策略

（1）电子邮件或访客登记获得市场信息。

电子邮件和访客登记簿是在互联网上企业与顾客交流的重要工具和手段。通过电子邮件和访客登记簿，不仅可使所有顾客读到并了解企业的情况，而且也可以帮助市场营销调研人员获得相关的市场地址。比如，在确定访问者的邮编后，就可以知道访问者所在的国家、地区、省市等地域分布范围；对访问者回复的信息进行分类统计，就可以进一步对市场进行细分，而市场细分是企业制定营销策略的重要依据之一。

(2)科学地设计网络调研问卷。

拟定问卷主题后，对本次调研做简要介绍，同时要合理设计问卷长度和问题项目及回答项目，网上问卷应有一段结束语，并附上问卷设计者和赞助机构的联络方式。

(3)提高被调研者积极性的技巧。

第一，给被调研者一定的奖励以激发其参与调研的积极性。提供奖励可以提高问卷的回收率，主要可以采取物质奖励和向被调研者提供调研结果两种方式。物质奖励的方式可以是提供线上折扣券、小礼物和抽奖等形式。

第二，给被调研者安全的保证。应当加强安全措施，企业也应当向用户提供个人信息安全保证。

第三，强调调研的重要性。强调本问卷对公司和用户都有至关重要的作用。被调研者感到自己肩负重任，具有成就感，就会积极参与。

第四，在网络上建立情感的纽带。例如，在企业站点上不仅展示产品的图片、文字等，而且要有针对性地提供公众感兴趣的时装、音乐、电影、家庭乃至幽默等有关话题，以大量有价值的与企业产品相关的地址和免费软件吸引大量的访问者，促使被调研者乐于告诉你有关个人的真实情况，这样调研人员可以逐步与访问者在网上建立友谊，达到网上市场调研的目的。

总之，网络调研的策略包含：选择合适的搜索引擎→科学地设计调研问卷→及时调整问卷内容→激发参与调研的积极性→与顾客建立情感纽带→监控在线服务→有针对性地跟踪目标顾客→利用 E-mail 和顾客注册表，获得顾客和市场信息→传统市场调研和网上调研相结合→通过产品网上竞卖掌握市场信息。

2. 网络调研优势

(1)网络调研信息收集的广泛性。

互联网是没有时空、地域限制的。如果我们利用传统方式在全国范围内进行市场调研，需要各个区域代理的配合，而用户在线调研活动就相当方便。

(2)网络调研信息的及时性和共享性。

在数字化飞速发展的今天，网络调研较好地解决了传统调研方法所得的调研结果都存在时效性这一难题。

(3)网络调研的便捷性和经济性。

在网络上进行市场调研，无论是调研者还是被调研者，只需拥有一台计算机、一个调制解调器、一部电话(或一台多媒体电视机和一部电话)就可以进行。若是采用问卷调研的方法,调研者只要在企业站点上发出电子调查问卷,提供相关的信息,然后利用计算机对访问者反馈回来的信息进行整理和分析。这不仅十分便捷,而且会大大地减少企业市场调研的人力和物力耗费,缩减调研成本。

(4)调研结果有较强的准确性。

调研者不与被调研者进行任何接触,可以较好地避免来自调研者的主观因素的影响;被调研者接受询问、观察,均是处于自然、真实的状态;站点的访问者一般都具有一定的文化知识,易于配合调研工作的进行;企业网络站点访问者一般都对企业有一定的兴趣,不会像传统方式下单纯为了抽号中奖而被动回答,所以,网络市场调研结果比较客观和真实,能够反映市场的历史和现状。

3. 网络调研注意事项

要达到商家网络调研的目的,发挥网络调研的商业价值,还须注意网络调研的一些关键性事项。

(1)了解市场需求。

换位思考,从顾客的角度来了解客户需求。因为调研对象往往可能是产品直接的购买者、提议者和使用者,应对他们进行具体的角色分析。

(2)制定网络调研提纲。

网络调研是企业网络营销全过程的第一步。一个调研项目常包含高度精练的理念,这种理念是无法触及的"虚",而调研提纲则可以将调研具体化、条理化。调研提纲是调研者与被调研者两者结合的工具,调研项目也许会成为品牌和用户的沟通工具。

(3)寻找竞争对手信息。

利用各种方式收集竞争对手信息,譬如利用导航台,锁定具体区域,设定与自己产品相同或相似的关键词来寻找竞争对手,仔细查看竞争对手的网址,注意竞争对手的网络中值得借鉴的地方,并注意竞争对手是否已做过类似的市场调研。

(4)适当的激励措施。

在调研中加入适当的奖品激励,调研会获得更多的参与者。如某医学杂志在做调研时,提供样刊赠阅,获得了积极的反馈。

(5)数量调研与质量调研相结合。

对于一般性的商业经济问题,如消费者的年龄、性别、所在地区及购买动机等问题,可采用数量统计调研方式,设立"是什么""怎么样"等问题的信息。但针对有关具体产品时,则宜采用质量调研的方式,调研结果包含的多是"为什么"的问题。

8.2.4 初创企业的市场调研

市场调研是一项繁杂的工作,即便是具备独立的市场部门、专职的市场调研人员的大公司,市场调研工作也不是由市场调研人员“包干到底”的,市场调研人员的工作是负责策划、组织、指导、控制调研活动,对初创企业而言,具体执行工作可借助于销售人员。

1. 由公司销售人员进行调研

销售人员是冲锋在第一线的战士,他们最了解“敌情”,也是最需要了解“敌情”的人,借助销售人员进行调研一方面可以节省公司人力、物力和财力,起到事半功倍的效果;另一方面可以督促销售人员加深对市场的了解。

2. 借助公司的经销商或代理商来完成调研

经销商或代理商在做好本地市场这一基本愿望上是与公司完全一致的,在这一前提下,公司可以策划、指导经销商或代理商做好本地区的市场调研工作,包括本地区基本状况、消费者状况、竞争品牌状况调研以及当地媒介状况调研、当地政府、民间活动调研等;同时,实施“动态企划”,抓住机会,巧妙借势,做好在当地的广告、促销活动。这样不仅解决了调研的一大难题,也有助于巩固双方的合作关系。

3. 收集研究二手信息

很多初创企业虽然订有各种专业报纸杂志,拥有自己的网站,但并未能有效地利用这些宝贵的资源。当然,专业报纸杂志也并非多多益善,订几种综合性、权威性的即可。通过专业报纸杂志,公司可以尽快地了解业界动态。

自己的网站应有效利用,利用网络可以便捷地查询各种有用信息;网上传播省时省力,当前很多专业的市场调研公司已开始利用网站开展调研活动,初创企业完全可以利用自己的网站进行市场调研。

课堂训练

1. 以创业小组为单位,选择一种黑龙江的绿色食品,从种类、价格、产地等方面对进行市场调研。

2. 设计一份调查问卷,对本校大一学生的月消费支出情况展开调研。

单元 9

市场调研与分析

9.1 情报信息收集

9.1.1 目标明确

企业首先要对自己收集的信息范围做出一个明确的界定，明确所要分析的是哪一方面的情报：是企业所处行业的整体发展趋势，还是主要竞争对手的近期活动，是企业新产品的推广，还是公司的近远期规划。只有明确范围，才能够集中有效的人力、物力、财力来进行情报的收集。胡子眉毛一起抓，很容易造成主次不分。而在信息的分析中由于信息量大且分散，不能够集中在一点上，信息分析利用也只能停留在表层，无法对所调查的信息进行创新性筛选和总结。

9.1.2 信息收集的时效性、全面性、准确性、预测性

信息的时效性要求企业在信息收集过程中要有时间观念，虽然说过时的信息对于企业亦可有所帮助，但由于其时效性差，信息陈旧，往往会事倍功半，得不偿失。信息的全面性是指对于重点信息的收集要做到多面切入。

在信息收集过程中另一个要引起注意的是对于情报收集人员的要求。对于情报收集人员来讲，在收集信息过程中要具有严谨的作风，在实事求是的基础上要具有一定的创新意识和能力。因为在信息的收集过程中，情报收集人员出于创新和责任感，会发现一些不易被发现的问题。从这方面来说，创业者在信息收集阶段提出自己的意见和建议，对于信息的收集有益无害。

9.1.3 情报信息收集的方法和途径

情报信息收集的方法和途径多种多样，目前最普遍的分类有两种，即第一手资料和二手资料。第一手资料能够最大限度地接近消费者，能够比较准确地了解市场动向。第一手资料的获得途径有面谈调查法、电话查询法、邮寄调查法、实验

分析法和专家意见法等。

二手资料的最大优点是收集起来比较容易，时间短，费用少，缺点是准确性得不到保证，时效性差，但二手资料也有很好的参考价值。二手资料的获取途径主要有：政府及其他官方渠道；工业及商业或贸易协会、工业技术研究机构、贸易联合会等；商会名录、展览及贸易博览会指南目录；大学、政党的研究机构；出版物；地区及当地报纸；金融机构；专业的咨询服务机构等。

9.2 寻找市场痛点

9.2.1 市场痛点是什么

市场痛点是在一个细分领域市场中，用户在做某个事情的过程中，普遍遇到的痛苦、麻烦、不便、困难、抱怨等行动阻碍。用户痛点就是一个细分领域的市场痛点。比如在国内的快递市场中，很多家快递公司早就提供了同城快递业务，一般都需要 1 天时间才能到，也就是当天寄次日达，个别快的上午寄出下午能到，中间也需要好几个小时，但是很多公司和个人都遇到过这样的情况：有合同、证件等重要且紧急的物品需要在 1 ~ 2 个小时内快速送到，而目前的同城快递并不能准时送达，自己送的时间成本很高，找人送的话一时也找不到合适的人。

同城快递极速达就是个用户痛点，并且是大多数公司和个人都有的痛点，也就是同城快递市场的痛点，如果在一个企业发现这个用户痛点和市场痛点时，市场上并没有其他企业或个人通过良好的产品和服务来解决这个痛点，那么，如果这个企业能拿出解决方案，就是个很好的市场机会。

在市场中运作，要知道市场的痛点所在才能够寻找到机遇，才能够迎合市场所需，让自己的生意越来越顺利。痛点既然是客观存在，也就意味着很多人发现了这个痛点，新的机会往往会从两个方面进行突破，一是技术突破，一是模式创新。比如特斯拉能够在电动汽车领域独领风骚，是因为电动驱动的技术取得了突破，不论是电机的功率，还是电池的续航里程都可以达到应用的水平。

9.2.2 市场痛点的特点

(1)一般是大部分用户普遍存在的问题，所以才叫市场的痛点，才有做成产品的价值。

(2)问题是客观存在的，谁能最先发现它并解决它，谁就能获得市场的先机。

(3)某些时候需要依赖一定的客观条件，比如 iPhone 的诞生需要智能手机操作系统的发展和普及。

9.2.3 如何解决市场痛点

如何解决市场痛点，是每个创业者的必修课，更是做营销推广前很重要的一个环节。

1. 目标市场调研

目标市场调研包括了国家、人口数、网民基数、宗教信仰、活动爱好、生活方式、生活水平、经济水平、住房条件、日常用具、交通工具、购物群体、购物喜好、购物时间点、节假日等。这些要素都有可能成为选品的爆点，与后期的产品开发息息相关，能让创业者更了解目标市场具体情况。

2. 市场趋势调研

通过市场趋势分析可以知道市场热度情况，预判未来走向。

3. 个性、热点关键词调研

从市场热度高的消费信息中提炼出个性化的、关注度高的、特殊的关键词，加入选品的新属性中，能产生出乎意料的效果，热点信息可以从类目和关键词或Review中去找，以精准词为首选目标，也可以从各大社交网络媒体和技术网站中去找，多了解大众网民的日常喜好和对某类产品的特殊偏好、研究，将热门产品与小众产品相结合，得到更多选品灵感。

4. 同行/竞品调研

通过同行与竞品的市场调研，创业者能从好产品中找到他们的优势所在，也能在已有基础上推陈出新；如果同行的新品出现了不畅销的情况，自己能引以为戒，分析原因规避风险。除了可以从以上四点出发去解决痛点，还需具体情况具体分析，针对不同的经济发展情况和消费需求情况及不同的特征进行分析。

课堂训练

便利店调研

新经营形态的便利商店出现在20世纪70年代前半期，以“7-11”为首的便利商店引进日本。当时选择以负责家计者或家庭主妇为调研对象，展开市场调研。在实际调研家庭主妇的购买行为之后，发现：(1)超级市场林立；(2)自家用车普及；(3)周休2日逐渐风行，造成全家出动购物风气。于是主妇每周的购物减少，而每回消费额增加。

这项调研结果，对于便利商店的经营非常不利，当时流通业界反应相当冷漠。但是，目前此种便利商店却是相当成熟的零售业形态。

思考并回答：

当初调研作业是否遗漏了某种重要因素？请分析调查失败的原因。

9.3 市场调研分析

做好经常性的市场调查研究工作是了解市场变化情况唯一的办法。市场分析的一个重要内容就是进行市场调研，只有通过市场调研，才能得到直接来自市场第一线的翔实资料。初创企业通常难以设立专职部门负责此项工作，不过也可以采用其他途径和方法进行此项工作。如果运用得当，同样会收到良好的效果。这些途径和方法有：经常订阅有关行业的各种报纸杂志，参加行会或其他专业性的社团组织，争取机会多参加某些贸易展销会之类的公众集会，也要密切注意所组织的各类营销业务活动的效果，察悉变化情况，察明造成销售增长或销售衰退的原因。

9.3.1 市场分析的内容

（1）市场供给分析及市场供给预测：包括现在资产行业市场供给量、估计量和预测未来资产行业市场的供给能力。

（2）市场需求分析及资产行业市场需求预测：包括现在资产行业市场需求量估计和预测资产行业未来市场容量及产品竞争能力。通常采用调查分析法、统计分析法和相关分析预测法。

（3）市场需求层次和各类地区市场需求量分析：根据各市场特点、人口分布、经济收入、消费习惯、行政区划、畅销牌号、生产性消费等，确定不同地区、不同消费者及用户的需要量以及运输和销售费用。

（4）市场竞争格局：包括市场主要竞争主体分析，各竞争主体在市场上的地位以及行业采取的主要竞争手段等。

（5）估计资产行业产品生命周期及可销售时间：即预测市场需要的时间，使生产及分配等活动与市场需要量做最适当的配合。通过市场分析可确定产品的未来需求量、品种及持续时间；产品销路及竞争能力；产品规格品种变化及更新；产品需求量的地区分布等。

课堂训练

2018 年,某个啤酒品牌在 2 年内,销量下降 5%。他们每年的销量为 800 万吨,下降 5%,就少了 40 万吨,相当于某市市民一整年一瓶啤酒没有喝过。请同学们通过市场分析找出原因,并简要提出解决方案。

9.3.2 市场分析采用的方法

市场分析采用的方法有很多种,在这里主要介绍六种。

1. 系统分析法

市场是一个多要素、多层次组合的系统,既有营销要素的结合,又有营销过程的联系,还有营销环境的影响。运用系统分析的方法进行市场分析,可以使研究者从企业整体上考虑企业经营发展战略,用联系的、全面的和发展的观点来研究市场的各种现象,并预见发展趋势,从而做出正确的营销决策。

2. 比较分析法

比较分析法是对两个或两类事物的市场资料进行比较,从而确定它们之间相同点和不同点的逻辑方法。对一个事物是不能孤立地去认识的,只有把它与其他事物联系起来加以考察,通过比较分析,才能在众多的属性中找出本质的属性。

3. 结构分析法

在市场分析中,通过市场调研资料,分析某现象的结构及其各组成部分的功能,进而认识这一现象本质的方法,称为结构分析法。

4. 演绎分析法

演绎分析法就是把市场整体分解为各个部分、方面、因素,形成分类资料,并通过对这些分类资料的研究分别把握特征和本质,然后将这些通过分类研究得到的认识联结起来,形成对市场整体认识的逻辑方法。

5. 案例分析法

所谓案例分析,就是将典型企业的营销成果作为例证,从中找出规律性的东西。市场分析的理论是从企业的营销实践中总结出来的一般规律,它来源于实践,又高于实践,用它指导企业的营销活动,能够取得更大的经济效果。

6. 直接资料法

直接资料法是指直接将已有的本企业销售统计资料与同行业销售统计资料进行比较,或者直接将行业地区市场的销售统计资料同整个社会地区市场销售统计资料进行比较。通过分析市场占有率的变化，寻找目标市场。

课堂训练

可口可乐的调研

1982年，可口可乐在美国10个城市进行了大约2 000次的访问，问题是："可口可乐配方将添加新成分，使口味更柔和，您会喜欢吗？"结果一半多的消费者回答"是"。调研的区域很广泛、样本也足够大，按说这种调研的指导性应该很强。所以，可口可乐全线采用了新配方。上市没多久，那些传统可口可乐爱好者就强烈反对，甚至上街游行抵制新可乐，原先说喜欢的人也变了态度。最终，可口可乐不得不恢复配方。

思考并回答：

针对可口可乐关于增加新成分的调研，分析失败的原因。

9.3.3 市场分析的层次

1. 宏观经济分析

宏观经济分析指的是分析一般经济环境及影响未来供需平衡的因素，如产业范围、经济增长率、产业政策及发展方向、行业设施利用率、货币汇率及利率、税收政策与税率、政府体制结构与政治环境、关税政策与进出口限制、人工成本、通货膨胀、消费价格指数、订购状况等因素。

2. 中观经济分析

中观经济分析集中于研究特定的工业部门，并且在这个层次，很多信息都可以从国家的中央统计部门和工业机构中获得。它们有关于营利性、技术发展的劳动成本、间接成本、资本利用、订购状况、能源消耗等具体信息。

这个层次主要包括以下信息，供求分析、行业效率、行业增长状态、行业生产与库存量、市场供应结构、供应商的数量与分布等。

3. 微观经济分析

微观经济分析集中于评估个别产业供应和产品的优势与劣势，如供应商财务审计、组织架构、质量体系与水平、产品开发能力、工艺水平、生产能力与产量、交货周期及准时率、服务质量、成本结构与价格水平，以及作为供应商认证程序一部分的质量审计等。它的目标是对于供应商的特定能力及其长期市场地位进行透彻的理解。

课堂训练

根据下表对学院路的客户消费市场进行调研，并形成调研报告。

基础资料	调研目的	了解学院路“网吧”市场状况
	受调街道	学院路
	计划完成日期	
	调研人员	
受理街道概况	主要客户群体描述	
	客户消费习惯	
	主要商圈	
	适宜商场	
	适宜店铺	

模块四　选择项目——创新创业成功的前提

导入语

当代大学生知识面广、技能强、富有创造力，是自主创业的核心群体，承载着国家发展的历史使命。新时代需要的是有家国情怀、有远大理想的创业者，大学生创新创业需要走入国家发展的广阔天地，走入区域经济发展的广阔天地。选择创业项目首先要深入了解国情、民情，关注国家政策变化、产业转型升级调整、新技术发展、重大经济文化活动、市场需求变化，这些变化和趋势都蕴含着无穷的商机。要在趋势中寻找商机，确定项目的落点，把自己的理想和聪明才智融入国家发展大局中，紧跟新时代潮流，把握产业发展大势和政策导向，以更宏观的视野去把握机会，创造机会，造福社会，实现创业梦想。

案例导入

兴农新技术，照亮林区致富路

"生在农家，长在农家，当了农学博士也没忘了是谁把自己养大，将高科技用于大农业，扎根基层，服务社会，你的名字就蕴含了你的使命，让科技之光照亮黑土地上的万户千家！"这是黑龙江省首届"守望梦想·奋斗青春"大学生创业之星获得者高照亮的颁奖词。

东北农业大学园艺园林学院2015级博士研究生、黑龙江省十大杰出青年创业奖获得者高照亮，在国家大力提倡绿色农业的政策背景下，在市场调研和开展农业生产应用技术培训的过程中，深知基层对实用技术的迫切需求，多次带领同学深入双鸭山林业局、伊春林业局、鹤岗矿务局、绥化市农委等所属单位调研考察，并为当地农民及技术人员讲解栽培技术、互联网+农业等科技种田信息。高照亮经常与基层农业工作者及专家学者们研究探讨农业生产中所遇到的实际困难和问题。本着能够更好地为我省及东北地区现代农业发展提供优质产品及服务的良好愿望，高照亮联合多位农业专家在东北农业大学国家大学科技园注册成立了哈尔滨艾加生物技术有限公司，主要从事微生物应用技术研发及推广。公司克服多个技术及经营难题，成功培育适合东北地区土壤、气候特点的菌种8个，成功研发了微生物肥料生产设备3种，取得了4项国家发明专利、8项实用新型专利，部分产品出口至俄罗斯远东地区，全国拥有600多家代理商，累计销售微生物肥料1万余吨。先后发起成立为新型农业服务的交流平台“东北地区农资经销商及种植合作社联盟”“东北地区农业技师创新战略联盟”。带领团队开发的“电子庄稼医生——作物病虫草害诊治系统”已获得国家软件著作权，为基层农业解决了诸多实际问题，并收到了良好的市场反响。创业以来，提供了600多个应届毕业生就业机会。同时，由东北农业大学蒋欣梅、吕嘉昌指导，高照亮、马东妮研发培育的适宜林区种植的高产优质刺嫩芽品种，研发规模化种植技术，经过六年的研发，开创了刺嫩芽人工快速扩繁、规模化种植的先河，形成了“优质种苗繁育+规模化种植推广+种苗及鲜芽销售”三位一体的业务模式，实现农民增收1.28亿。帮扶抗联后代207户，帮扶贫困户1 460户。该项目获得第五届中国“互联网+”大学生创新创业大赛金奖。

请思考：

本案例给你带来的商业思路和启发有哪些？

▶单元 10 “风口”的创业商机

“大众创业、万众创新”的时代背景，就是高校学生创新创业的最大“风口”。2014 年教育部发布《关于做好 2015 年全国普通高等学校毕业生就业创业工作的通知》，要求各高校建立弹性学制，允许在校生休学创业，转专业创业。2015 年初，国务院办公厅印发《关于深化高等学校创新创业教育改革的实施意见》，全面部署深化高校创新创业教育改革工作，掀起了青年学生创新创业的时代热潮。站在充满机遇的创业时代风口，大学生创业成为新时代背景下最活跃的音符。

10.1　新时代蕴含新机遇

十九大报告明确提出：“中国特色社会主义进入了新时代。”时代新趋势、国家新政策、产业新发展，就是我们创业的“风口”。

10.1.1　科技创新正当时

习总书记说，我国“十四五”时期以及更长时期的发展对加快科技创新提出了更为迫切的要求。经历了新冠肺炎疫情，我们对“迫切”二字更是有深切体会。无论是研发疫苗，还是大规模核酸检测、大数据追踪溯源和健康码识别，都需要科技提供强大支撑。总书记提出了科技发展“四个面向”，即“面向世界科技前沿、面向经济主战场、面向国家重大需求、面向人民生命健康”。如何在更宽广的全球视野和历史纵深中，准确把握科技创新的重要性？如何走出适合国情的创新路子？这是新时代大学生要思考的创新创业新课题。

科技创新是原创性科学研究和技术创新的总称。是指创造和应用新知识和新技术、新工艺，采用新的生产方式和经营管理模式，开发新产品，提高产品质量，提供新服务的过程。科技创新可以分成三种类型：知识创新、技术创新和现代科技引领的管理创新。我国提出“加快建设创新型国家”建设，科技创新是引领发展的第一动力，更是大学生创业的源泉和动力。

互联网、大数据、云计算、人工智能、物联网等新技术浪潮奔涌，催生了一批新生产业，引领了新的产业革命。这些新技术、新产业也为大学生创业提供了新的空间和平台。当前，我国科技创新正从量的积累走向质的飞跃、从点的突破向系统能力提升转变。通过创新促进新技术、新产品和新业态发展，高校学生已经成为创新的主体力量。根据相关机构统计，近几年来，全世界平均每年约有 100 万家新公司诞生，这些新公司中，有很多是那些有创意的创业学生所开办，且公司规模多在 20 人以下。因此，创新与创业也成为当代青年大学生的生活方式，也成为他们的时代责任。

科技进步影响的不仅仅是经济领域，而是整个人类的生活方式和商业模式。更何况这个时代是一大批应用新技术汹涌来袭的时代，我们可以通过了解当前新技术趋势，体会创业思维和商机。

1. AI 人工智能

人工智能也称机器智能，通俗地说，“人工智能”是用来描述模仿人类和其他与人类思维相关联的“认知”功能的机器。

课堂训练

稍微留意一下生活，你就会发现人工智能在生活中早已经随处可见，与你棋盘“对弈”的是智能机器；语言不通，帮助你“翻译”交流的是人工智能；入住酒店前台“刷脸”用上了人工智能；聪明的机器人也为你提供客房“服务”；扫地机器人、智能音箱使“居家生活”很炫酷；“人工智能医生”“人工智能教师”也将出现在我们的生活中。

思考并回答：

你所能想到的人工智能的应用新场景还有哪些？

2. 大数据

大数据是指无法在一定时间内用常规软件工具对其内容进行抓取、管理和处理的数据集合。大数据有五大特点，即大量、高速、多样、低价值密度、真实性。它并没有使用统计学的抽样方法，只是观察和追踪发生的事情。大数据的用法倾向于预测分析、用户行为分析或某些其他高级数据分析方法的使用。例如在商业交易中，数据优势不是简单的产品卖了多少钱、盈利产品是哪些、用户什么时间购买、什么渠道购买，需要找到数据的变量和规律，结构化的数据才能更好地发挥优势。2019 年，国家明确数据可以作为生产要素按贡献参与分配。数据已经成为资产，有经济属性，可以交易。

2015 年,我国首家大数据交易所在贵阳正式成立运营,随着数字贸易、数字共同市场的发展,为大众创业提供了丰富的商业机会。创业者要学会主动用数字化手段,实现数据创造价值。

3. 无人驾驶

无人驾驶结合了多种传感器来感知周围环境,并在很少或没有人工输入的情况下实现行驶目的,如无人机、自动驾驶汽车等。传统汽车公司正在发力,在无人驾驶技术方面追赶其他科技公司,如特斯拉、百度、Waymo、优步。

课堂训练

Uber 公司发布消息,2023 年,将在达拉斯市和洛杉矶市开始"飞行汽车"的打车服务。也可以把这种飞车叫直升机,但是它的便利性的确更像汽车。项目名称叫"空中 Uber(Uber Elevate)"。如果由"飞行汽车"实现了"交通自由"的话,城市里还需要停车场吗?你会在乎打的是什么牌子的车吗?所以技术进步影响的不仅仅是领域本身,而是整个生活方式和商业模式。

思考并回答:

这个案例为我们提供了哪些新的商机思考?

4. 虚拟现实(VR/AR)

虚拟现实 Virtual Reality,是一种多感应性的完全虚拟的沉浸式体验,所有场景都是利用电脑模拟的三维空间的虚拟世界;增强现实 Augmented Reality,是实时地计算摄影机影像的位置及角度并加上图像技术,可以把真实世界与虚拟世界叠加在一起。它作为一种全新的交互模式,让互联网变成了透视世界的眼睛,已成为改变世界的科技爆发点。VR/AR 实现了虚拟和现实世界融合与交互,使现实体验更加丰富和生动,社会活动更加有效率。

VR 已经开始广泛应用于人们的生活,据了解,目前中国生产了全球 70% 以上的高端头戴式 VR 终端,具有较为完备的设计制造能力。有趣的是,VR 眼镜还被佩戴于奶牛,通过向室内奶牛展示田野、牧场,提高牛奶质量。

课堂训练

2019年,上海岳阳医院与贵州进行了多场5G远程会诊和培训,“我帮你定位一个点,你用拇指用力抵住,再让患者缓缓站起来”。佩戴AR眼镜的医生,直观看到专家的标注信息,学习膝骨关节炎“手摸心会”要点,进行特色推拿治疗。“我只戴了20分钟AR眼镜,就把千里之外先进的医疗技术带给了患者。”

设想VR技术在我们学习领域会有哪些更有效的应用?

5.5G

5G是当前具有代表性、引领性的网络信息技术,它能实现万物泛在互联、人机深度交互,是支撑实体经济高质量发展的关键信息基础设施。标准制定方面,我国企业全面参与5G国际标准制定,并且率先启动5G技术研发试验。

6.区块链

区块链是分布式数据存储、点对点传输、共识机制、加密算法等计算机技术的新型应用模式。发展多年的区块链在2019年迎来了新的爆发,国家银保监会向各大银行、保险公司下发《中国银保监会指导意见》,意见提出鼓励银行保险机构将物联网、区块链等新技术嵌入交易环节。

7.物联网

物联网即“万物相连的互联网”,是在互联网基础上延伸和扩展的网络,把各种信息传感设备与互联网结合起来而形成的一个巨大网络,实现在任何时间、任何地点,人、机、物的互联互通。例如,物联网重要的应用场景——交通,通过数据互联,即可实现智慧停车、智能红绿灯、智能公交车等内容,方便人们出行。

课堂训练

除以上介绍的科技之外,还有口罩人脸识别、虚拟人、脑机接口、工业物联网、量子计算等新技术。了解科技发展趋势,寻找技术应用商机,请列举你所了解的新技术在日常生活中的应用。

A. 大数据________________________________

B. 量子技术________________________________

C. 区块链________________________________

D. 5G________________________________

E. 无人驾驶 ______________________________

F. 人工智能 ______________________________

G. 人脸识别 ______________________________

H. 虚拟现实 VR/增强现实 AR ______________________

I. 物联网 ______________________________

10.1.2 快速发展的数字经济时代

在我国,数字经济诞生于新一轮技术浪潮,带来了商业模式、资源配置、企业组织结构等新的变革。数字经济体现出新的经济特征:

(1)融合化,数字经济与传统产业融合,生产与消费的融合,制造与服务的融合。

(2)普惠化,社会资源、计算资源分布到了整个网络的末端。使个体在经济中崛起,人人经济、人人商业、人人金融出现。例如,金融领域通过大数据计算,使不同风险的个体得到了精准的风险评价,从而匹配差异化的金融信贷业务。

(3)平台化,最偏远的地方和人也能享受到优质的服务内容,以低成本获得教育、医疗、交易等信息,以更合理的价格卖出他们的农产品。2020 年,商务部大数据监测,全国农村网络零售额达 1.79 万亿元,同比增长 8.9%;在线医疗咨询人次同比增长 73.4%;在线教育销售额同比增长 140%。其中小微零售企业和农户通过直播、电商平台,销售业绩异军突起。大学生创业要学会利用数字化转型和数据资源,这是数字经济时代创业的优势资源。

(4)共享性,从拥有资源更多地向使用资源转变,以人为中心的社会活动方式,不断放弃对物的占有,满足需要为本。服务驱动,客户中心,服务型社会快速到来。

特别疫情期间,网络教育、在线医疗、直播电商、新媒体等新业态对生产生活发挥了重要作用。其中直播电商,不仅带动新零售和消费升级,同时带动了农业和服务业的快速发展和转型升级。《中国数字经济发展研究报告(2020)》对数字经济未来的发展进行了展望:

——新型数字基础设施建设提速,5G 将成为数字经济关键引擎;

——数字政府建设步伐加快,大数据决策支撑平台将成热点;

——共享制造成发展新亮点,工业互联网将是关键支撑;

——发展数字经济已经成为共识,强者愈强和换道超车将长期并存;

——数字化转型浪潮涌动,数据管理能力将是重要基础;

——数据治理受到持续关注,区块链技术有望成为突破口。

10.2 内需消费升级

新时代我国社会主要矛盾已经转化为人民日益增长的美好生活需要和不平衡不充分的发展之间的矛盾。满足“人民日益增长的美好生活需要”应该怎样做？“不平衡不充分的发展”如何解决？国家提出供需两侧协同发力，关注需求侧，坚持扩大内需，积极发展网络消费、无接触消费、体验消费、智能消费、服务消费等消费新热点，引导消费新业态新模式有序发展，增加中高端产品和服务的供给，不断提高产品和服务的附加值与竞争力，更好满足广大人民对美好生活的多样化需求。

随着消费升级，消费需求逐渐从“基本需求”向“求异求变”、审美和情感需求转变，以满足消费需求为导向的定制、柔性制造将是各行业的主流生产方式。当然消费升级不是指产品和服务一定要走高价位、高端路线，而是要关注多样化需求，这也是数字经济时代新特征。像“拼多多”将视线放在三四线城市，甚至遥远偏僻的地区，可以使消费者以较低的价格买到想要的商品。

北上广深与边远乡村必然存在着多层级、多元化的差异需求。同时，社会群体归属也呈现多样化，如股民、彩民、粉丝团、户外族、手游族等。面对差异化的群体及需求，创业者需要思考新的突破点在哪里，如何满足消费者多样化、个性化需求。例如，国家提出要充分挖掘县乡消费潜力，是扩大国内消费的一大着力点；提高教育、医疗、养老等公共服务效率；支持电商、快递进农村，拓展农村消费。这些政策需要创业应更多考虑不断提升产品附加值，增强供给对需求的适应性和灵活性，以提高议价能力，获得更多的收益。

10.3 生态文明新时代

生态文明新时代，建设美丽中国，是实现中华民族伟大复兴的中国梦的重要内容。“五位一体”将建设生态文明提升为“千年大计”，把“美丽中国”从单纯对自然环境的关注，提升到人类命运共同体理念的高度。我们“既要金山银山，还要绿水青山”。需要加速构筑尊崇自然、绿色发展的生态体系，建立绿色低碳循环发展的经济体系，即低投入、高产出，低消耗、少排放，能循环、可持续的国民经济体系。

大学生创业与生态文明建设有着互动的关系。生态创业是一种新创业模式，是基于维护生态和谐、倡导健康环保理念的青年创富之路，是以人格驱动的价值创造方式。生态创业主要特征是：

(1)创业者致力于开发与环境资源协调、与社会民生和谐的产品和服务；

(2)创业企业创造性地提供环境友好型产品或服务，以改善环境作为手段，实现经济利益，可实现"绿色产出"；

(3)创业组织主张乐活、文明、健康、环保的生活方式；

(4)创业文化以和谐创新为主要理念，注重生态文明与商业文明的和谐统一；

(5)创业项目侧重于生态环保领域以及新农村建设生态环保是大学生创业要考虑的宏观背景。缺乏生态文明理念的创新创业易导致忽视生态保护，缺乏长远眼光，局限于短期发展。青年创业者应具有生态情怀和科学的生态发展观，致力于将技术创新与绿色产业、绿色制造、清洁能源、循环经济、低碳经济相结合。

课堂训练

十九大代表任红梅说："听到新时代这个词的时候，我的内心非常激动，我们现在的老百姓可以说享受着便利的高铁，甚至出门买个菜、打个的，都在用微信支付，生活越来越好，变化越来越大，老百姓日子过得越来越舒心，这就是我眼中的新时代。"

9. 黑龙江的经济优势和发展优势

请各小组讨论，派代表描述，新时代带给你的家乡的最大变化是什么？这变化中，有没有我们发现的项目商机？

课堂训练

思考并回答：

林下养殖、林下种植、生态环保、城镇化建设等领域有哪些创业机会？

课堂训练

因为海南省冬季气温高，东北三省大量老人选择在海南过冬，冬季之后再从海南回到东北。不少专家认为："既然东北居民可以去海南度假，那让黑龙江省成为全国居民的夏季养老度假基地，也是可行的。"

请为黑龙江夏季养老设计一个项目，并做概况描述。

课堂训练

《黑龙江省直播电商发展三年行动计划(2020—2022年)》中提出的发展目标是:到2022年底,力争建成一批直播电商共享基地,培育100个骨干企业,1 000个网红品牌,培训10万名直播销售和运营人员,将我省打造成为全国知名“直播电商之都”,实现直播带货销售100亿元,聚集生态企业1000家,带动产值1000亿元。

三年行动计划主要任务提出,加大原生态农产品与扶贫产品营销力度;推动“直播+商圈”“直播+展会”“直播+批发市场”“直播+小店经济”等,引导商贸服务行业项数字化、可视化、智能化、社交化方向发展。

思考并回答:

1. 阅读计划中的发展目标,你有感兴趣的方向吗?

2. 请结合“互联网+”大赛“青红之旅”项目,为“直播+农业”或“直播+扶贫”找一个项目或设计一个场景。

3. 你需要的政策支持有哪些?

▸单元 11 发掘并识别商机

11.1 创业商机内涵

11.1.1 什么是创业商机

把握商机是选择创业项目的前提和基础,选择创业项目,首先要找到创业商机。商机是创业过程的核心驱动力,创业商机是指在市场经济条件下,在社会经济活动过程中形成和产生的一种有利于企业经营成功的因素,是一种能被经营者认识和利用的契机。商机无论大小,从经济意义上讲是能由此产生利润的机会。就是能够从中开发出可以把握市场机会的产品或服务,而且市场上存在对产品或服务的真实需求,或可以找到让潜在消费者接受产品或服务的方法。

创业过程始于创业机会,需要对商机的理性分析和把握,开始创业时,商业机会比资金、团队、资源更重要。要学会在模糊和不确定的动态的创业环境中捕捉商机。

11.1.2 创业商机的特征

1. 时间性

凡是有需求的地方,客观上都存在着创业机会,但机会会随着客观条件的变化而变化。同一商机处于不同的阶段,带来的价值也是不一样的。所以,要及时把握好创业机会。

2. 隐蔽性

许多机会不是显而易见的,需要观察和发掘,能否发现商机,关键在于个人的敏锐程度和认知程度。

3. 价值性

创业商机可以为购买者或使用者创造或增加有价值的产品或服务。它能为经济活动引入新产品、新服务、新材料、新市场或新组织方式。

4. 可预见性

所谓发现商机，就是发现市场需求，市场的趋势具有一定的可预见性。认真地熟悉市场、调查市场、研究市场，便可以对商机具有一定的前瞻和预判。

11.1.3　创业机会分类

根据创业商机的来源分类，可将创业商机分为问题型机会、趋势型机会和组合型机会等类型。

1. 问题型机会

问题型机会是基于现实中存在的未被解决的问题而产生的机会。问题型机会在生活和企业实践中普遍存在。例如，购买不到满意的商品、运输成本高、服务质量差、造型设计不美观等。面对存在的问题，需要用心发现解决的最优方式，以找到创业机会。

2. 趋势型机会

趋势型机会就是观察变化和发展趋势，预测未来的潜力和机会。趋势机会一般出现在新技术发展、经济改革、社会变革、人口变化、政策变化等多个方面。例如，出现老龄化的人口结构、国家出台新的产业政策和技术标准等。

3. 组合型机会

组合型机会就是将现有的两项以上的技术、产品、服务等因素组合起来，呈现出新的价值而获得的机会。不是原有功能的简单叠加或复制，而是产生新的意义和价值，例如，空调调温功能与空气净化功能组合，产生了净化空气的空调，空气净化器与驱蚊器结合，产生了驱蚊空气净化器。

课堂训练

纪寻和她的“奇途无障碍旅游公司”

纪寻，作为“奇途无障碍旅游公司”创始人，她本身是罕见病患者。在国外旅行时，她发现有很多残疾人想到世界各地旅游，但没有一个平台或公司专门提供这个服务，她发现这是一个创业商机，便萌生了进行无障碍旅游创业的想法，于是她便通过线上媒体、小程序、数据库、市场活动等进行项目推广。还通过在线英文媒体向海外游客推介中国的旅游产品。她花了两年的时间，通过沟通说服了欧洲无障碍旅游协会的创始人成为公司合伙人，使欧洲几百家服务商与她的平台对接起来，得到了20万欧元“种子轮”融资。这家公司正是通过网络连接实现了产出和效益，也实现了公司愿景目标——“让每个不一样的个体都能自由感受旅行的快乐。”

思考并回答：

1. 什么是创业商机？

2. 何时何地易于发现创业机会？

3. 你发现的商机有哪些？

11.2 寻找创业商机

创业机会既可能是自然生成的，也可能是创业者自己去创意创造、挖掘的，所以寻找创业商机包括向内探索和向外挖掘。向内探索自己的资源、技能、兴趣、特质等，向外关注市场需求和环境因素。做到既顺应大势、又合乎理性。选择创业项目需要有“四问”，即一问自己、二问趋势、三问市场、四问方法。

11.2.1 问自己

创业项目选择首先要做到——知己知彼，知己就是清醒地审视自己：优势、兴趣、强项、技能、性格、心理特征等。知彼是对社会发展趋势的认识，是对所呈现出的稳定、持久、潜在的需要的了解和把握。

1. 你的优势与长处

创业者很难做自己不擅长的事情而获得成功，比尔·盖茨在回忆自己的创业经历时曾说：“做你自己最擅长的事。”这是因为，在创业者擅长的领域内，能够最大限度地发挥出自己的能力或挖掘更深层次的潜力，将自己的自信心和勇气提升到最高的程度，增加创业成功的概率。

对大学生创业者而言，从专业背景中寻找创业机会，利用所学专业技能，自发创意、自主创新，能充分体现大学生的特色，项目更有优势。有形资产在创业过程中的分量在下降，而知识、技能、品牌等无形资产变得越来越重要。这也是当前高校学生创业具有优势的原因。

课堂训练

1. 把自己的未来理想和目标写出来；2. 写出自己的专业和技能；3. 列出自己的兴趣爱好，不超过3项。

课堂训练

自我探索——技能及通用能力表

请统计每栏打钩数量，小组成员相互交流评议

经常产生创意	做过数据处理	设计过问卷	组织过活动	组装过产品	争论过项目
设计过广告	做过库存盘点	参加过科技展或竞赛	参加过社团组织	驾驶过车辆或农机	监督管理过他人
编辑过文本、统计表	参加过商业课程	做过市场调研	主持过活动	修理过电子机械	参加过谈判
表演过文艺节目	做过机器	解决过技术问题	参与过访谈	修理过产品	说服影响过他人
参加过艺术课程	开发过代码	做过统计分析	给别人的创业项目提过建议	制订过计划	推销过观点，能充分表达自己
参加过管理课程	做过采购	从事过独立研究	当过志愿者	处理过设备故障	推销过产品
从事过艺术创作	做过登记抄写	学习过专业课程	关注过老人及弱势群体	做过勘测航行	做过公开演讲

俗话说："隔行如隔山。"大学生创业，还没有累积到足够的人脉和创业资源，因此在创业项目的选择上需要从自身优势出发。首先要了解自己擅长的领域，或者自己拥有的技能。应尽量选择与自己的专业、经验、特长相匹配的项目。市场好比汪洋大海，创业者犹如沧海一粟。但是每个人都有自己的长处和优势，当你充分了解了某一行业、某一领域，同时又在技术上有专长时，就形成了自己在行业里的长处。创业者选择一个能充分发挥自己的长处和优势的行业，那么创业成功率会大大提高。

2. 你的兴趣与爱好

古语有云："知之者不如好之者，好之者不如乐之者。"兴趣是创业的基础，项目能让创业者兴奋是创业成功的重要条件。日本的著名创客"米饭爷爷"几十年专注煮饭，正是因为兴趣让他沉浸其中。很多创客、极客在切入项目和发展企业时选择自己兴趣所在的领域，他们在工作时往往就是享受且不知疲倦的。因兴趣而萌生的创业往往会走得更远并且容易取得较大的成就。做自己最喜欢的事情，创业者才有可能在遇到问题时仍然保持热情和执着。比如比尔·盖茨，他可以为了自己喜欢的计算机而通宵达旦；爱迪生平均每天有18小时待在实验室，他们如此执着于工作，是因为他们热爱自己正在从事的事业。

兴趣爱好影响着价值观，因此，选择项目时要不断问自己：我的兴趣爱好是什么？我认为哪些事是有价值的？该项目是否满足我内在的心理需求，是否与我的价值观念相匹配？

课堂训练

测测你的兴趣爱好是什么

你同时收到了三张聚会的请帖。三个聚会在同一时间举行，而你只能出席一个。请阅读三张请帖的主要内容，选择一个你准备出席的聚会。

1. 这是一个只有老朋友参加的聚会。届时，大家将会在经常聚会的饭店品尝常吃的菜肴和美味的饮料，度过悠闲的时光。

2. 这个聚会邀请了各行各业的人，可以扩展你的交际网络，有益于你将来的社会活动和工作。

3. 这个聚会不仅仅是社交性的，更是一个大家可以就感兴趣的话题进行深入探讨的沙龙，一定会令你很兴奋，度过充实的时光。

课堂以小组为单位进行讨论，总结出分析结论。

课堂训练

自我探索

在学习、工作和生活中，你的常规活动有哪些？（列出10项）

1. ____________________
2. ____________________
3. ____________________
4. ____________________
5. ____________________
6. ____________________
7. ____________________
8. ____________________

9. ____

10. ____

从中选出5项你最喜欢的活动：

1. ____

2. ____

3. ____

4. ____

5. ____

请列出你既感兴趣又有能力在工作学习中做好的2~3项活动：

1. ____

2. ____

3. ____

思考并回答：

1. 结合以上测试、问题回答及链接阅读，做简要自我分析。

2. 结合课程内容思考：你能够选择、应该选择什么方向的创业项目？

3. 针对学生的分析结果，教师提出建议性指导。

11.2.2 问趋势

要善于理解政府的新政策和行业的新标准，这同样也是大学生选择正确的创业方向的重要参考内容之一。拥有敏锐社会嗅觉的经济人，往往能够取得好的回报，就是这个道理。

1. 了解政策，少走弯路

大学生创业者想要开创自己的一番事业必须知道国家目前正在扶持、鼓励哪些行业发展，创业者选择国家政策扶持、鼓励的行业，对创业项目发展将起到不可估量的作用。同时，对于国家出台的优惠政策和银行贷款利率，创业者也需要核查清楚，确保资金充裕。

2. 了解趋势，借势飞跃

在新经济时代，用科技、知识创业是新模式，也是必然趋势。新产品、新服务能更好地满足顾客的需求，同时也带来了创业机会。例如，随着计算机的诞生，计算机维修、软件开发、计算机操作的培训、图文制作、信息服务、网上开店等创业机会随之而来，大学生创业者即使不发明新的东西，也能成为销售和推广新产品的人。例如,小程序的爆发覆盖了人们生活的各领域,正在成为商家标配的设施,如健康码、乘车码、携程、途牛、问卷星等。小程序凭借独特的魔力,成为连接消费和需求的新引擎。我们应多关注这些不同类别场景的应用,对外着眼于开放和连接,寻找内容和服务的价值连接点。我国每年举办的各类大学生创新创业大赛中,有很多学生选择了小程序开发应用等轻资产型创业项目,而且取得了不错的业绩。

3. 了解产业,快速发展

正确选择创业项目要因时而动,创业者主要应关注两个时间段。一是选择当前畅销的产品项目时,要注意冷静分析,弄清畅销的真正原因。另一个是今后,看行业今后长远的发展前景,比如该行业是否符合国家产业政策,是否适应人们的消费发展趋势。

课堂训练

九月的麦田

一个网名叫麦子的女孩是“九月麦地”公众号创始人,2015年因为疾病失去听力,医生说治不好了,只能换电子耳蜗,整个手术治疗需要30万元,而她的工资当时不到5千。于是她决定创业,麦子从公众号排版、在线文案、社群运营一直做到开知识付费课程——手账课。收入从几十块钱到三四万元,到月收入六万。现在她的头衔很多:如麦地工作室负责人、10年的财务人、多平台协作者、手账课程讲师。她的公众号又带来投放广告的收益。盈利模式就是运用数字消费,通过互联网服务的方式完成获客和营销。

思考并回答:

在互联网时代,通过网络自我雇佣、自由就业的人越来越多,用数据和零碎时间获得报酬,多种就业创业形态选择出现,如设计、翻译、摄影、书法、美食、服装搭配都可以找到用武之地。特别是利用新媒体创业,依托细分市场的应用平台,寻找并开启创业项目。作为互联网的原住民,谈谈你对互联网创业的认识。

11.2.3 问市场

创业者需要敏锐观察市场的需求变化，通过信息获取和分析去捕捉市场商机。

1. 挖掘痛点

创业的根本目的是满足顾客的需求，而顾客需求在被满足前就是痛点。寻找创业机会的一个重要途径是善于发现和体会自己和他人在需求方面的问题或难处，而这个问题或难处不是个人现象，而是普遍或某类群体的需求，找到了解决问题的方法途径，商机就会浮出水面，所以，多留心生活中的“呼声”“抱怨声”甚至“骂声”。例如，充电宝解决了手机续航短的问题，移动支付使商品交易变得更加快捷方便。

课堂训练

思维导图找痛点

大学生创业者本身作为大学生群体中的一员，十分了解大学生的特点和消费习惯，可以直接以大学生群体为目标，就地取材，对他们进行详细的分析与研究，从中寻找创业的商机。现在很多大学生创业者的第一个创业项目是从大学校园里开始的。

观察正在上课的教室：除了黑板擦除尘、桌椅声响的噪声、投映与黑板冲突等问题，你找到的“痛点”还有哪些？

观察校园、寝室、食堂：除了室外玻璃的清洁、旧电脑旧手机回收、室外垃圾桶卫生等问题，你找到的“痛点”还有哪些？

2. 关注变化

创业机会大都产生于不断变化的市场环境，环境变化了，市场需求、市场结构必然发生变化。德鲁克将创业者定义为那些能“寻找变化并积极反应，并将它视为机会充分利用起来的人”。这种变化主要来自于新技术的出现、产业结构的变动、消费结构的升级、城市化的加速、人们生活观念的变化、人口结构的变化、居民收入水平的提高等诸多方面。例如，我国逐渐进入老龄化社会，所以老人保健、老人陪护等方面就产生了创业机会。

课堂训练

Hype 曲线

美国 Gartner(高德纳)咨询公司,在研究了大量技术的发展逻辑之后,画出了一个技术发展趋势的曲线,这个曲线就定名为 Hype Cycle。

Gartner 公司把一个新技术从出现到最后得到应用的全过程分为五个阶段。第一个阶段,是这个产品没什么人知道,只在专家和业内讨论的阶段。等它到了曝光度极高、显现率增长极快的时候,往往处于第二个阶段。第一个阶段如果被称为“先驱阶段”,那第二个阶段就可以被称为“极盛阶段”。在这个阶段,技术其实还没有成熟,产品也还不够完善,但是,市场已经炒得火热,人们对它的期望已经很高。比如,前几年大家都在谈虚拟现实和增强现实,就是所说的 VR 和 AR。但这个东西进入全面应用和盈利,还是需要时间段的。第三个阶段是,热点似乎过去了,这项技术从大众的嘴里,又重新回到了专业人士的手里。这时,就在悄无声息中,技术进入了最关键的第四个发展阶段。第四个阶段的特点就是变:应用的领域可能会变得更细化,产品可能也改变了版本,新用途上得到了应用。然后,进入第五个阶段,大家不再热谈这项技术,但都在细分领域里有条不紊地应用着这项技术。而且这项技术实实在在地带来了盈利,而不是热热闹闹地烧钱。

这就是 Hype 曲线所描述的五个阶段。说明所有新技术都会经历蓄积期、临界期和应用期等阶段。技术是有其内在规律的,不是说一下子就冒出来了,也不是瞬间就扩展到各领域,如计算机技术,最初是解决军事问题,然后从军事领域向外扩散,尤其是互联网的横空出世,计算机技术在更为广阔的领域遍地开花,特别是对商业进步及个人社交产生了颠覆式的影响。技术发展都会经过一个过程。作为创业者以及企业组织,可能会认为自己就是一个小企业,不是技术开发型公司,规模是有限的,人员是有限的,精力是有限的,有必要了解什么高大上的技术吗?答案当然是肯定的。我们不是要掌握技术本身,而是要了解技术形成、发展和成熟的历程。在这个过程中,我们可以感知新技术萌芽,发觉技术成熟的应用场景,关注客户的显性需求以及隐性需求,从而获得商业启示。像我们国家很多超级企业,之所以能够成为行业的领跑者,很重要的因素就是把握住了大趋势中的机遇。拥有专业技能的大学生创业,也要更多关注技术技能发展的阶段和趋势。有机构预测,十年之内,《财富》500 强将有 40% 的公司会被我们今天根本没听说过的公司所取代。

思考并回答：

创新在不断提速。面对加速创新的时代，每一个在创业路上努力打拼的人都需要审时度势，有计划、有针对性地去应对市场的变化和挑战。

3. 连接空隙

在经济学上有个概念叫“结构洞”，可以借以说明在供给和需求之间存在着未能满足的结构性“空洞”，也可以叫作市场空隙。例如，看看做得大的企业或者品牌，他们有哪方面没有做到的，就从这个方面切入市场。我们可以通过产品和服务，将供给和需求连接起来。例如，小程序的爆发覆盖了人们生活的各领域，关注不同类别场景的应用，以满足市场需求。例如，有一家“奇怪果园公司”“缺乏只卖一根香蕉的水果店”；克里甘的“大号时尚女鞋”“缺乏晚上送到宿舍的零食”“夜猫店”。

4. 了解客户

不少学生认为，创业、办公司就是为了赚钱，哪些行业火，哪个赚钱就做哪个，其实这种想法是不对的。创业必须树立“企业是为解决市场需求而存在的”这一观点，这样才能确保企业长盛不衰。创业项目的选择是以市场为导向的，必须从社会需求出发。创业者要想知道社会需求，就必须做市场调研，特别是第一次创业的创业者，必须对市场进行详细的调研。

清晰了解消费者对产品(服务)需求的强烈程度。消费者有性别、年龄、文化层次、职业等因素的差异，我们可依据这些因素对消费者进行细分，从而把他们细分成一个个消费群体，每一个消费群体就是一个细分市场，也就是我们应该集中精力服务的对象，所以创业者选项目时一定要知道自己服务的对象到底是哪些人，他们对产品(服务)需求的强烈程度如何。例如，当前消费呈现多样化、高品质、易变性、小众个性化的趋势，使产品向优质化、多品种、小批量、迭代加速的方向发展。

课堂训练

李芸的刺绣店

“锦绣云瑶”刺绣是当地较有名气的绣片定制店，不仅深受游客的喜爱，还获得了很多制衣厂商的青睐。这家刺绣店的店面不大，店里却摆满了琳琅满目的刺绣商品，有风景、人物、建筑等比较大型的图案；也有花朵、松鼠、蝴蝶等比较小的图案；还有一些颜色鲜艳，富有立体感的小饰品，可以直接粘在衣服上使用。这些刺绣都是老板李芸亲自设计的，价格从几元到几百元不等。

李芸大学学的是广告设计，毕业后在一家私营企业做后勤工作。由于经济和网络的发展，网上开店变得越来越流行。2009 年，十字绣等刺绣产品变得十分火爆，李芸便萌生了开网店的念头。心动不如行动，李芸马上对一些刺绣店进行了考察，当拿到这些刺绣产品时，她觉得做工低劣，样式也不美观，这更加坚定了她要自己创业的决心。她对产品的要求也十分严格。为了提供优质的产品，她先后去深圳、浙江等地考察，并决定自己亲自担任设计师，设计以民族风为主要风格的刺绣产品，当刺绣产品在网店上架后，精心设计的产品和优美的文字介绍，立马吸引了不少爱美的女性消费者。

李芸并不是一个止步不前的人，在民族风刺绣风头正盛的时候，她已经开始计划设计下一个热卖产品了。随着网店的良好发展，李芸将这些刺绣产品按照大小和种类进行细分，并将其推荐给周边厂商。

思考并回答：

李芸是如何使她的网店逐渐成为独具特色的刺绣店的？

11.2.4 问方法

1. 观察记录法

一是间接体验法，细心观察他人的体验，及时记录下来。他人的间接体验呈现方式很多，如周围人的吐槽、抱怨，媒体上发布的信息报告，用户的留言反馈，APP STORE 的评价，关键意见领袖，异常的数据等，尤其要关注那些负面的反馈。二是直接体验并记录你生活中的某一个产品或某一项服务的优缺点是什么，例如，常用学习软件的不足，校园生活中未被满足的领域有哪些，有什么办法弥补，怎样避免这样的问题。

课堂训练

吉列剃须刀

过去用长形剃须刀容易刮破脸,自小就看到父亲剃须时时常刮破脸,吉列长大之后自己也有同感。因此,他决心创造出一款更加安全、方便的剃刀。1903年,他研发出世界上第一个可以更换刀片的安全剃须刀。如今的吉列新产品竟有30多种功能。20多项专利技术,年产值达到数十亿美元,市值达400多亿美元。吉列的出现,说明解决自身或他人面对的问题,也就发现了属于自己的机会。

思考并回答:

如何具体应用观察记录法去发现商机?

2. 创新创意法

创意是具有创造性的想法或概念,好的创意可以转化为创业机会。创业是实现创意的过程。大学生是最有创意的群体,可以通过创新技术与服务,引导和创造需求。

与依靠物资和资本等生产要素投入实现的经济增长相区别,现代经济的增长越来越依赖于创新和创造力。出现了越来越多的以品类创新、技术创新、商业模式创新为内容的大学生创业者,他们大都拥有高学历和行业知识,并利用这些因素创造新的财富和行为理念。

(1)品类创新。

可以通过分析人们的需求,将其进行细分,以在原有市场中开辟新市场,创造出新类型产品。

(2)技术创新。

通过新技术来创造新需求,吸引消费者进入新市场,这是最直接、也最有难度的一种方法。

(3)商业模式创新。

通过改变企业价值创造的基本逻辑以提升顾客价值和企业竞争力。既可包括多个商业模式构成要素的变化,也可能包括要素间关系的变化。

课堂训练

书法改变人生的庞中华

庞中华作为我国硬笔书法先行者，出版专著430本，总发行量超过2亿册，他创办的硬笔书法函授学校，培养学员200余万人。他为硬笔书法正了名、立了碑、写了传。鲜为人知的是，这位硬笔书法家从小并未接受过正式的书法教育，甚至在20岁之前没有临过字帖。大学毕业后，20岁的庞中华被分配到北京地质勘探队，随着勘探队辗转湖北、湖南的深山老林，最后来到河南信阳大别山区。他的书法生涯也始于这个时期。当其他队员喝酒、打牌时，他就在废纸、烟盒上用钢笔临摹王赵颜欧柳等各体书法，越是临摹兴趣越是浓厚。他根据前辈关于"音乐与书法"的"通感"论述，创造了左手演奏手风琴，右手写书法，将书法中每一根线条用音乐解释的淋漓尽致的"快乐立体书法"。20世纪80年代中期，他收获了人生第一桶金，1986年他的资产突破了百万，在那个万元户都稀缺的年代，庞中华成了巨富。90年代中期，字帖正版发行量超过了1亿册，有人称仅次于"新华字典"的发行量。

进入新世纪，人们开始普遍使用电脑，敲键盘，发短信，有人质疑他的硬笔书法还有什么价值，他坚信"写一手好字，不仅是一个人的脸面，在工作或学习中，更是一笔宝贵的财富和优势"。硬笔书法是文化素养的一部分，为继续推广硬笔书法，庞中华选择搭上互联网的快车，他的团队推出了"互联网+庞中华手机上学书法"项目，开发了庞中华书法APP。

思考并回答：

庞中华将硬笔书法做成了文化产业，值得我们学习的创新创意有哪些？

3. 产品重组法

将不同的产品组合在一起，或将不同的功能集合在一起。例如手机拍照、视频、支付等功能组合。用别人做A项目的方法，去做自己的B项目。在众多的创业者中，想从事传统行业的还是占了大多数。如何在传统行业中做出特色，做出新意，是大学生创业者可以关注的问题。

4. 重新定位法

定位是指对商品、服务、企业或某个机构进行需求分析，以确定这些商品或服务在消费者心中的位置。重新定位就是对其进行再次定位，以摆脱目前环境下的劣势，发现新的机会，是在现有基础上的升级和整合。

5. 弥补缺陷法

很多创业机会是缘于竞争对手的不足和失误而"意外"获得的，如果能弥补竞争对手的缺陷和不足，把别人没有做到极致的做到极致，也会出成绩。这也是创造创业机会，这种机会是创造性的改进，不是简单的弥补漏洞。看看周围的公司，你能比它们更快、更可靠、更便宜地提供产品或服务吗？能做得更好吗？若能，也许就找到了机会。

课堂训练

解决问题与确定创业项目

结合下列表格的案例，请列举2～3个在市场上观察到的真实项目，或自己需寻找到的商机，填入表格。

创业项目	存在问题	当前状态	预期状态
泰迪在线洗衣店	下班送衣服，洗衣店打烊；往返洗衣店取送，耗费时间多	用户自己取送衣服	通过网上预约，派送员完成取送，满足客户需求
问卷星	需要问卷调查，数据采集、报表的用户，耗时耗力，专业化程度不够	用户自己制作问卷、数据统计、报表等	快捷、已用、低成本地轻松实现功能需求
⋮	⋮	⋮	⋮

11.3 黑龙江转型发展带给大学生的商机

黑龙江省全面启动工业强省、农业强省、科教强省、文化强省、生态强省、旅游强省建设，打造"金山银山"，做好"老字号""原字号"和"新字号"三篇大文章，不断加快产业结构优化调整。

11.3.1 工业智能化转型带给大学生的商机

黑龙江省提出"433"工业新体系规划，优先发展绿色食品、高端装备、新材料、生物医药四大战略性产业，重点培育新一代信息技术、新能源、节能环保三大先导性产业，优化提升化工、汽车、传统能源三大基础性产业。以做好“三篇大文章”为主线，以智能制造、工业互联网为主攻方向，推动传统产业转型升级。围绕智慧商圈、工业机器人、数字农业、北斗产业化、智慧能源等产业数字化关键领域推出标志性项目。在工业智能化转型中，掌握现代技术的大学生可以探索设计借“云”、生产添“智”、产品加“芯”、管理到“端”、服务融“产”、质量追“溯”等新模式中的新商机。

11.3.2 农业综合改革带给大学生的商机

作为全国现代农业改革的省级试验区，黑龙江省率先开展了农业经营主体、农村土地管理制度、农村金融保险服务、农业支持保护政策和农产品价格形成机制“五大创新”改革。围绕“粮头食尾”和“农头工尾”，加快粮食主产区、境外农业合作示范区数字化改造，开展农村一二三产业融合示范建设，打造具有影响力的全国数字农业先导示范区。全省新型农业经营主体发展走在全国前列，现有农民合作社8.9万个，家庭农场（专业大户）10.9万个，农业产业化龙头企业1 950个，特别是现代农机合作社达到1 359个，不仅数量全国第一，而且创造出以合作社为代表以土地入社为主的机制创新经验。在乡村振兴规划中，大学生通过乡村创业，可以促进农户与现代农业生产有机衔接，带动小农户发展现代农业，让农户分享现代农业发展增值收益，健全紧密型的联结机制，促进农户通过土地流转、要素入股、劳动力就业、产销对接等形式参与新型农业经营主体发展乡村产业。

大学生围绕水稻、养殖、园艺三大主导产业，在种子研发、园艺栽培、稻鸭养殖、屠宰加工、运输配送、电子商务、农机服务、农产品精深加工等领域都有创新创业的机会。同时，也要看到，龙江绿色食品产业的发展还存在着产品品牌附加值不够高、绿色食品企业与发达省份尚有差距等问题。高校学生在遵循市场规律，坚持市场化方向基础上，运用新技术、新模式，可以推进发展科技含量高、产品附加值高的生态优质产品和服务。

11.3.3 社会转型带给大学生的商机

经济转型必然带动社会转型，主要表现为社会发展模式和组织方式的变化，人群构成与交往方式的变化，个体生活方式与价值观念的变化。新型城镇化与城市社区化衍生出新的创新创业机会。

随着城镇化速度的加快，农村劳动力更多地向城市流动，社区客观上就成为城市的基本载体，新型城镇化和社区服务在我国城市经济社会发展中的地位和作用与日俱增。在新型城镇化加速发展的过程中，不断出现现实潜在需求，需要以全新的方式去应对和解决，大学生可以寻求在数字化服务、规划设计、教育培训、产品研发等领域的创新创业机会。随着农民生活水平逐步提高，例如他们对于房屋舒适、节能、环保等性能的新要求,大学生团队可以设计更多现代化的民用住宅并施工建设。

在城市社区服务升级的过程中,健康医疗、居家养老、家政服务、文化娱乐、课外辅导等领域存在着大量的适合大学生创新创业的好机会,比如关注老年人精神需求,开设健康养生、娱乐休闲、法律服务、电脑及智能化工具使用培训等项目。可以创新重点人群与医疗机构的中介平台,将他们的需求及时整理反馈给不同级别的医疗机构。政府通过购买服务的方式,既补充了自身的服务能力又支持了大学生的创业。

11.3.4 对外开放带给大学生的商机

黑龙江省不断构建以对俄和东北亚为重点的全方位对外开放新格局。深度融入共建"一带一路",打造"一个窗口,建设四个区",发挥自贸区改革开放试验田作用,实施投资贸易便利化、自由化、国际化。这些为黑龙江的大学生提供了难得的创新创业机会。

在黑龙江(中俄)自由贸易区以及中俄跨境通道、跨境园区、跨境产业、跨境企业、跨境市场建设中蕴藏着大量的商业机会。俄罗斯很多居民都通过中国电商平台购物,需要有针对性地开发面向俄罗斯市场的新产品,建设服务全国对俄合作的"云上"综合服务平台,打造中俄数字经济创新发展区。实施"互市贸易+落地加工"模式,建立更加便利快捷的跨境电商物流服务系统,挖掘俄罗斯消费者的消费数据资源,这些都是大学生创新创业的机遇。

建设跨境经济合作示范区、延边重点开发开放试验区,技术项目需要对接团队,不同国家有很多项目具备产业化的可能性,大学生创业团队如果能够将文化、科技、语言等优势融合起来,就可以对接更多的科技项目。同时,与周边国家在生态、环保、生物、冰雪产业等领域的深入合作,对欧美、日韩开放,拓展绿色食品国际市场,加强国家之间人文领域的交流都需要青年发挥主导力量,文化服务、跨境旅行、语言学习等领域的创新创业机会较多。

11.3.5 数字化转型带给大学生的商机

信息技术新一轮科技正在机遇期,"数字龙江"加速新一代信息技术与经济社会深度融合。通过推动黑龙江全方位数字化、网络化、智能化转型,为建设数字中国贡献"龙江方案"。

现代农业方面,通过绿色、有机种植的数据展示到互联网上,打造黑龙江农作物绿色、有机的核心竞争力。销售环节把产地、自然条件、产品品牌融入线上线下销售之中,养殖业、种植业都可以使过程监测数据与产品销售实现点对点对接,并与渠道保障、物流配送相结合,增强消费者对黑龙江食品品质的信心。农机使用开始运用惠安网，提高配置使用效率，金融保险通过互联网，有针对性地提供互联网金融保险，还运用互联网探索农产品价格撮合机制，形成中期动态价格，进而形成稳定的供需关系。

在文化旅游业方面，黑龙江正在打造全域智慧生态旅游和线上体验示范市，智慧景区和智慧旅游乡村项目不断拓展。大学生在开发互联网智慧旅游方面有很好的空间和机遇，可与旅游公司合作，在网上销售旅游产品，还可以通过网络搜索为自助游、自驾游客提供便捷服务。同时，可将生态化背景下的健康养老与旅游相结合，合理开发设计针对不同人群的旅游产品。在教育文化方面，通过互联网让黑龙江的特色文化资源(国画、音乐、民间艺术品)销售到境内外。在这些互联网+龙江传统文化产业的领域中，存在着许多适合发挥大学生特长的创新创业机会。

发挥直播电商带货优势，大学生有开展直播电商业务的优势，通过打造网红主播生态链系统，积极破局消费市场，可为更多企业打开“数字化转型”新思路，最大限度地利用品牌和线上宣传两大资源，为传统商业实现消费引流。通过直播电商引流带货，助力龙江优质绿色食品、俄罗斯特色食品、冰雪旅游产品进行线上销售，带动农民增收、企业增效。让龙江特色产品通过网络“一线牵”走出龙江，走向全国，同时创造更多更好的就业机会。

数字化也在推动着智慧物流、在线医疗的发展，黑龙江区域消费的物流主线，与互联网充分结合，使工期信息最大程度实现对称，提高物流企业的配送效率；正在实现线上的挂号、分针、候诊、缴费、取报告和线下的检查、诊断、治疗相结合。

课堂训练

录制黑龙江冰雪游视频

镜泊湖、兴凯湖、五大连池是著名的避暑度假胜地，这些地方冬季冰雪优质，雪期长，滑雪场多，设施完备。哈尔滨冰雪大世界、雪博会、雪乡等景区吸引着中外游客的目光。

以上面所提供的材料为内容，以团队为单位，录制一段黑龙江冰雪旅游的宣传视频，发布在抖音、快手或其他在线旅游类平台上。

11.4 选择你的创业项目

高校大学生创新创业项目类型很多，包括学生自主创意类、科技成果转化类，教师科研、师生共创类，产教融合、横纵向产业链合作类，大创训练、专创融合类，家族项目、学生承继类等，当然也包括我们偶然发现的商机。你的项目选择是什么？可通过如下方式，为自己的团队选择项目。

1. 集中小组讨论法

集中小组方法一直被广泛地使用。具体而言，就是由主持人带领一群人聚在一起进行深入的讨论，由主持人提问题，同时用不局限于主持人提问的方式来征求与会者的意见。小组由 5 ~ 8 个参与者组成，每个成员都会接受其他小组成员的评论。通过小组讨论对产品进行构思，得到更加量化的分析结果。

2. 头脑风暴法确定项目

小组围绕一个主题或目标来找项目，可以从一个词语或一个主题开始，将出现在脑海中的所有想法快速写下来。可以一直写，能写多少写多少，随心所欲、没有局限、思维跨度大甚至看上去不切实际。一个好的创业想法往往源于异想天开。例如，从“生态旅游”这个词语开始，能产生多少创业点子呢？还有结构性头脑风暴法是沿着某个产品的生产线、销售线、副产品线和服务线去构思创业点子的方法，如图 11.1 所示。

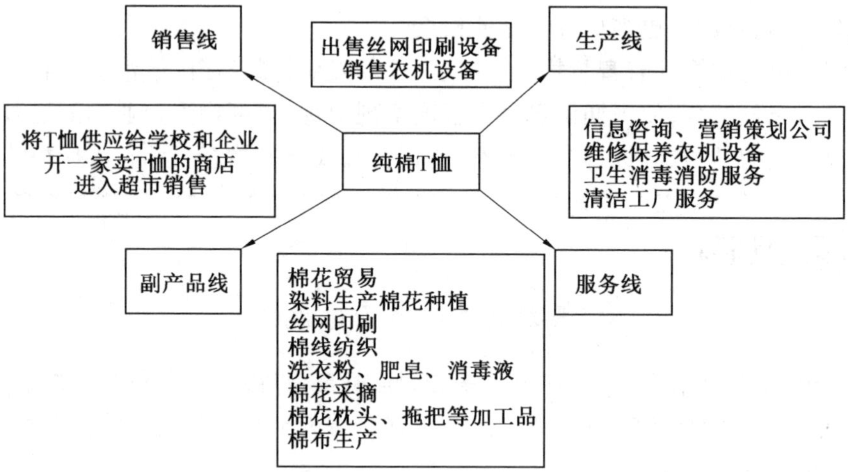

图 11.1　用结构性头脑风暴法构思创业点子

3. 寻求教师指导法

教师不仅仅是创新创业基础知识的传授者，更是学生创业项目的引导者和组织者。学生的哪些创意能够转化为创业商机？哪些资源可以作为创业的优势得以发挥？这些问题可以寻求老师的帮助。同时，“师生共创”可以推动教师和学生共同将科研成果转化为创业项目，使更多科研项目走向市场。

课堂训练

通过以上方法寻找商机，确定1～2个项目选择，并按照计划要求，说明产品或服务内容是什么？客户是谁？在哪里？进行项目陈述。

单元 12

评估创业项目

选择创业项目要明确，找到商机，确定项目后，还需要对项目进行筛查过滤。许多看似有价值的机会，不一定真的有价值，即使有价值的机会也需要具体的创业者开发出价值，过滤掉不靠谱的，项目要具有可行性和可实现性，才可能落地和发展。

大家口中常说的好的创业机会，是指目前市场行情总体看好，大部分从业人员有利可图的项目。但市场行情看好的项目，如果不适合自己，也有可能出现问题。所以，本单元通过对创业商机、创业项目进行反复评估筛选后，对团队项目进行了再调整和准确定位。

12.1 有价值创业项目的基本特征

1. 有吸引力

很多人创业首先想到的是资金，其实创业的本质是解决客户需求，需找到客户的真实需求，要关注客户的显性需求和隐性需求，这样，创业项目才有需求旺盛的市场，才能靠好的产品和服务吸引消费者，保证利润空间。

2. 持久性

好的创业项目一般具有可持久开发的潜力，无论产品、服务还是业务都必须能为顾客带来实实在在的价值，并且能够为创业者带来持续的竞争优势，可以获得持续收益。

3. 差异性

差异化就是做出独特性，使消费者感受到企业产品或服务优于其他同类产品或服务。差异性还可以避免同质竞争，有差异化产品和服务也才有更好的议价能力。

4. 及时性

市场机会瞬息万变，创业者要快速行动以把握机会，将项目付诸实施。通过掌握评价创业机会价值的方法，花费较少的时间，精力和成本迅速形成对创业项目价值潜力的基本判断。

12.2　筛选评估项目

12.2.1　时机是否成熟

1. 你的主观认知

每个创业者对时机的把握，都具有很大的主观性，这首先需要创业者对自己有个全面、客观的认识。因此，在选择创业之前，不妨先问问自己以下问题。

（1）你了解你将要介入的行业吗？

（2）你有不同于竞争对手的特点吗？

（3）你所能协调的各种资源能满足这个项目的需求吗？

（4）你是否做好了吃苦的心理准备？

（5）你是否能接受创业带给你的各种失败打击？

（6）你是否愿意把闲暇的时间和自由投入创业项目中？

假如上述问题你的答案都是肯定的，那你就具备了把握创业时机的主观条件，已经有了创业的信念和心理准备，即便出现挫折，也能欣然接受。

2. 能否抓住机会

事物处在发展初期，往往意味着先机仍在又没有被人足够重视，竞争较弱，此时进场较容易成功。例如，百度、阿里、淘宝、腾讯、京东、小米等企业的发展壮大无不说明把握先机或大趋势的重要性。进场时机的把控成为项目能否做起来的关键因素，大学生创业者选择创业项目时可考虑一些新兴产业。同时，创业者与创业项目也需要相匹配，面对创业项目，如果缺乏相应的必备条件而盲目行动，就会带来不利的后果。所以要考虑自己的精力和经验，是否能支撑创业项目的开发；要保证自己的社会网络，能够支撑项目所必需的资源。例如，有没有人愿意出资，可能性有多大，有没有人带来订单，可能性有多大，有没有朋友愿意合作等。

3. 把握机会窗口

行业是不是在风口？是在等风来还是风已过？机会窗口是企业实际进入新市场的时间期限。如图12.1机会窗口模型，该理论是由美国的创业学教育和研究领袖之一蒂蒙斯教授提出的。如果说创业项目的选择开始于商机的发现，商机具有即时性和可持续性，体现在机会窗口上，就是市场条件的成熟度，好的商业项目必须在窗口存在期间去把握，如果等机会窗口逐渐关闭，留给创业项目的机会就会大大减少。蒂蒙斯认为，商业机会是创业过程的核心要素，创业的核心是发现和开发机会，并利用机会实施创业。因此，识别与评估市场机会是创业项目的起点，也是创业过程中的一个关键阶段（图 12.2，图 12.3）。

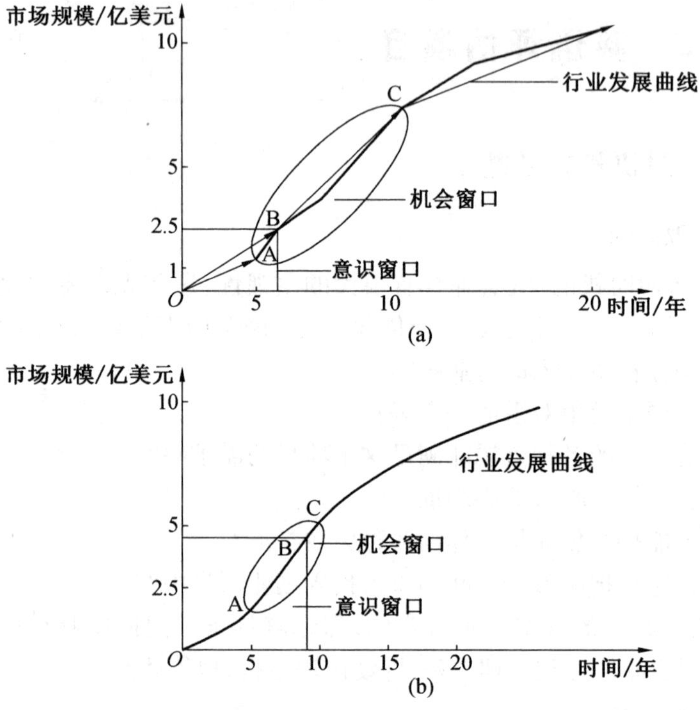

图 12.1　蒂蒙斯机会窗口模型

课堂训练

观察机会窗口的可视变化

将团队所选择的创业项目，通过以上两个图做对标，观察机会窗口（社会趋势）的可视变化，判断团队所选择的项目是否在机会窗口期，分析自己项目所拥有的市场机会有哪些。

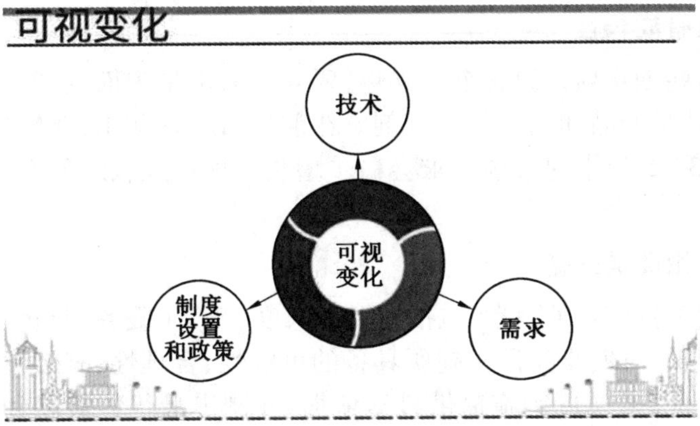

图 12.2　机会如何识别

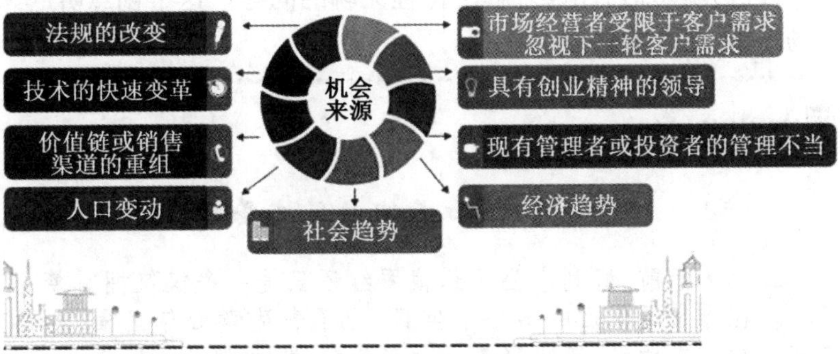

图 12.3　理解机会来源

12.2.2　项目是否可行

创业者常常一厢情愿，认为自己觉得好的产品或服务就一定是受顾客欢迎的，创业机会的存在并不意味着它就必然有执行的价值。创业项目的准确评估值得创业者深思熟虑。市场是真刀真枪，不相信眼泪，要多一些问号，多一些论证。

1. 量力而行，从小做起

从实际出发，不贪大求全。多数大学生创业缺乏经验，如果起步就很复杂，需要多方面的资源协调，需要大量的时间精力，创业的难度就会更大，在选择项目时要充分考虑自己掌控的资源条件能否满足项目的需求，避免在资源不足的情况下追求高大上的项目。初创者应该尽量规避风险较大的创业项目，把为数不多的资金投到风险较少的创业项目当中，积少成多，滚动发展。在选择创业项目时还要考虑产品成本、价格与利润，比如，要考虑该项目提供的产品或服务成本是多少，毛利率是多少等问题，有时候仅毛利率一个因素就可能否定一个项目。

2. 项目具有成长性

大学生有些创意项目纯属个人兴趣，要弄清需求是表面的还是内在的，真正的内在需求，才是产品和用户的黏合剂。在前景市场预测中，能够比较准确客观地预计，今后 3 ~5 年中的市场需求会稳步增长。项目成长才能在运营中不断完善，积累经验。

3. 可行性论证是关键

围绕影响项目的各种因素，包括市场需求度、产品（服务）特色、成本与利润、市场竞争等因素，对创业项目实施所具备的可能性、合理性、有效性进行深入、细致的论证和评价，为项目实施提供科学依据，并制定最优的策略和方案。例如，"能放电影的自行车"，自行车前面加一块显示屏，通过蓝牙能播放手机里下载的电影，可以边骑车边看电影，解决行程无聊的问题。这个创意听起来很有趣，但缺乏市场需求，商业价值难以实现。

课堂训练

罗红与他的艺术蛋糕

二十多年前，好利来公司总裁罗红还只是一个仅仅拥有梦想与激情的年轻人。在母亲退休后的第一个生日，为了表达孝心与祝福，他希望能为母亲选购一款样式新颖、口味馨香的生日蛋糕，然而他几乎跑遍了全城，仍然没有找到合适的蛋糕。于是他想，别人在买生日蛋糕的时候可能也会碰到和我一样的问题，如果我在市场上出售制作精巧而且美味的生日蛋糕，应该会受欢迎，因为这样的蛋糕不仅仅是商品，还寄托了人们对亲人和朋友的爱心与祝福。

似乎只是一个不起眼的小小想法，却在当时的罗红心中生根发芽，令他开始了艺术蛋糕的事业。也正是这样一个温馨而富于感情色彩的开始，决定了好利来永久的品牌内涵——甜蜜的事业、快乐与爱心的使者。

1991 年，罗红在四川雅安开办了第一家蛋糕店，开始了艺术蛋糕的事业。1992 年 9 月 13 日，罗红挟技西进，在兰州开设了第一家蛋糕专卖店，以前店后厂、现订现卖为经营模式，推出了琳琅满目、样式新颖的蛋糕，好利来在兰州一炮打响。他给自己的蛋糕专卖店起了一个吉祥如意的名字——"好利来"，这是他对自己刚刚起步的蛋糕事业的美好期盼，也是对每一位购买"好利来"食品的顾客的美好祝福。1994 年，吉林、包头好利来蛋糕世界相继成立，也获得了良好的市场效应。目前，好利来已经成为我国知名的烘焙食品企业。

思考并回答：

罗红与他的艺术蛋糕项目可行性与成长性有哪些？

4. 做强你的资源

就是要考察创业者与机会的匹配度。大学生创业者社会资源不足，更需要优化专业特长等自有资源，可以通过创造市场需求来创造新的利润空间，获得企业利润。利用好创业政策等外在条件，能够获得利用特定机会所需的关键资源。创业者可以用不同的方式创造额外的机会和利润。

5. 类似企业对比

创业者要不断问自己该项目面临的直接竞争对手是谁？间接竞争对手是谁，在做什么？竞争的程度如何？这个行业竞争是分散还是集中？竞品同自己的差异化在哪里？同行业中谁最有竞争力？横向比较优势，如规模、产品、价格、客户群等，通过类似企业对比，市场前景即可界定。要多寻找一些有特色的新产品、新服务模式来做。必须指出的是，有些项目很有特色，但是客户不一定认可，所以创业者必须选择既有特色又有真实客户需求的项目或产品，这样才能提高项目成功率。

没有一个创业机会是完美的，也没有任何创造者在完全适合自己的条件下开展创业活动，因此在评价创业机会之后，是否创业仍然是一件比较主观的事。

课堂训练

三个大学生的"独衣无二"的DIY

陈曷安、韦刘星、周倩倩三人是南宁职业技术学院商学院2016级连锁经营管理专业的学生，是大学生创业园"独衣无二"DIY的创始人。作为"90后"的他们深知"90后"在个性、时尚方面的追求，而市面上大批量的工业化生产，难免让人在某年某月某日体验"撞衫"的尴尬，于是他们便萌生了开一家能够为自己定制衣服的商店，但这个创意能否支撑一家门店运营下去呢？他们通过观察以及多次集中讨论、市场调查，发现学校内各大社团、学院有定制社团服装、院服等需求；DIY礼物也深受年轻人的喜爱，如亲手设计一件时尚的衣服给心爱的人；临近毕业或是某些课程考核，同学们都有购买正装的需求，而学校地处市郊，同学们购买衣服总是不太方便，也不能及时购买到所需的衣服。针对学校市场的需求，陈曷安、韦刘星、周倩倩三人调整了产品方案，通过路演，入驻大学生创业园，开启了创业之路。

思考并回答

1. 创意等于创业机会吗?
2. 本项目可行性因素有哪些?
3. 案例中,这三个同学是怎么把创意变成创业机会的?

12.3 创业机会的评价方法

针对创业机会应做出及时准确的评价和取舍。这个世界上不存在零风险的投资,投资的过程中会不时出现各种不可预知的阻碍,或许会成功,也可能会失败。而创业失败,也可能是在为下一次创业奠定基础。总而言之,在开始创业之前,要对创业项目有一个预先的评价。评价创业项目需要采取科学的方法。一方面可以分析收益和成本,评价创业机会的价值,判断值不值得追求所发现的机会;另一方面,分析个人和创业机会,评价创业机会价值实现的可能性,判断个体能否真正把握并实现创业机会的价值。下面介绍创业机会的一些评价标准和方法。

12.3.1 双维度评价法

创业者可以用不同的方式创造商业机会和利润。一个创业机会具有很多方面的属性,如市场规模、市场增长率、商品成本等,这些属性可以通过一定的方法来进行评价。例如,商机计量常用的两个维度——时间回报维度和金钱回报维度。

金钱回报维度,评估通过创业机会赚到的货币金额。通常投资者将这种回报称为投资回报率,简称 ROI。

时间回报维度简称 ROIT,评估花费在机会上的时间量。

12.3.2 蒂蒙斯创业机会评价框架

美国蒂蒙斯教授提出的创业机会评价基本框架是比较完善的创业机会评价指标体系。蒂蒙斯教授认为,创造者应该从行业和市场、经济因素、收获条件、竞争优势、管理团队、致命缺陷问题、个人标准、理想与现实的战略差异等 8 个方面评价创业机会的价值潜力,并围绕这 8 个方面形成了 53 个指标(见表 12.1)。

表 12.1　蒂蒙斯的创业机会评价框架

行业和市场	市场容易识别,可以带来持续收入 顾客可以接受产品和服务,愿意为此付费 产品的附加值高 产品对市场的影响力高 将要开发的产品生命长久 项目所在的行业是新兴行业,竞争不完善 市场规模大,销售潜力达到 1 000 万到 10 亿 市场成长率在 30% ~50% 甚至更高 现有厂商的生产能力几乎完全饱和 在 5 年内能占据市场的领导地位,达到 20% 以上 拥有低成本的供货商,具有成本优势
经济因素	达到盈亏平衡点所需要的时间在 1.5 ~2 年以下 盈亏平衡点不会逐渐提高 投资回报率在 25% 以上 项目对资金的要求不是很大,能够获得融资 销售额的年增长率高于 15% 有良好的现金流量,能占到销售额的 20% ~30% 以上 能获得持久的毛利,毛利率要达到 40% 以上 能获得持久的税后利润,税后利润率要超过 10% 资金集中程度低 运营资金不多,需求量是逐渐增加的 研究开发工作对资金的要求不高
收获条件	项目带来的附加价值具有较高的战略意义 存在现有的或可预料的退出方式 资金市场环境有利,可以实现资本的流动
竞争优势	固定成本和可变成本低 对成本、价格和销售的控制较高 已经获得或可以获得对专利所有权的保护 竞争对手尚未觉醒,竞争较弱 拥有专利或具有某种独占性 拥有发展良好的网络关系,容易获得合同 拥有杰出的关键人员和管理团队

续表 12.1

管理团队	创业者团队是一个优秀管理者的组合 行业和技术经验达到了本行业内的最高水平 管理团队的正直廉洁程度能达到最高水准 管理团队知道自己缺乏哪些方面的知识
致命缺陷问题	不存在任何致命缺陷问题
个人标准	个人目标与创业活动相符合 创业家可以做到在有限的风险下实现成功 创业家能接受薪水减少等损失 创业家渴望进行创业这种生活方式,而不只是为了赚大钱 创业家可以承受适当的风险 创业家在压力下状态依然良好
理想与现实的战略差异	理想与现实情况相吻合 管理团队已经是最好的 在客户服务管理方面有很好的服务理念 所创办的事业顺应时代潮流 所采取的技术具有突破性,不存在许多替代品或竞争对手 具备灵活的适应能力,能快速地进行取舍 始终在寻找新的机会 定价与市场领先者几乎持平 能够获得销售渠道,或已经拥有现成的网络 能够允许失败

选编自姜彦福、邱琼《创业机会评价重要指标序列的实证研究》,载于《科学学研究》,2004(1)。

12.3.3 市场和回报评价法

刘常勇教授认为,创业机会评价主要围绕市场和回报两个层面展开(见表12.2)。

表 12.2 创业机会评价框架

市场评价	是否具有市场定位,专注于具体顾客需求,能为顾客带来新的价值 依据波特的五力模型进行创业机会的市场结构评价 分析创业机会所面临市场的规模大小 评价创业机会的市场渗透力 预测可能取得的市场占有率 分析产品成本结构

续表 12.2

回报评价	税后利润至少高于 5% 达到盈亏平衡的时间应该低于 2 年 投资回报率应高于 25% 资本需求量较低 毛利率应该高于 40% 能否创造新企业在市场上的战略价值 资本市场的活跃程度 退出和收获回报的难易程度

选编自刘常勇《创业管理的 12 堂课》(北京中信出版社,2002),64-70。

运用以上评价方法,需要说明的是,在现实创业实践中,不可能完全做到创业项目与评价指标一一对应,充分吻合,以此做出准确评价。但可以通过其中若干要素来判断创业机会的价值,从而使得创业者做出更加理性客观的分析判断。

课堂训练

启动打分卡

项目基础分为 60 分,通过【加分卡】【减分卡】的"加减法"计算(以下每一项为 1 分),看看你的团队所选择的项目的累计得分是多少,再与其他团队做比较,然后对照打分卡,进行项目第一轮修改。

【加分卡】

- 风口机遇期
- 有政策支持
- 与自己专业有关联性
- 是擅长和感兴趣的
- 项目有清晰的目标客户
- 拥有选择本项目所需的关键核心资源
- 市场渗透好,资金回报周期短
- 项目一定时期内具有不可替代性
- 能"架桥"跨越"资源缺口"

- 遇到竞争力量时,有能力与之竞争
- 可以创造新增市场以及可以占有的远景市场
- 有一些现阶段的初始用户
- 可以预计产品的开发成本和开发周期
- 选择的项目处于一个成长中的行业

【减分卡】

- 政策限制
- 不环保
- 资源紧缺
- 安全难度大
- 严重依附于别人
- 季节性强
- 夕阳产业
- 启动资金高
- 没有清晰的目标顾客
- 直接面对强大对手
- 需要培育新市场

参考方法1　标准打分矩阵

选择对创业成功有重要影响的因素,并由师生小组对每一个因素进行最好(3分)、好(2分)、一般(1分)3个等级的打分,最后得出每个因素在各个创业机会下的平均分,从而可以对不同创业机会进行比较。表12.3中列出了该方法最重要的10个评价要素,在实际使用时可以根据具体情况选择其中的全部或者部分因素来进行评估。

表12.3　标准打分矩阵表

标准	师生打分			
	最好(3分)	好(2分)	一般(1分)	加权平均分
易操作性				
项目持续成长力				
市场接受度				
获得投资的能力				

续表 12.3

标准	师生打分			
	最好(3 分)	好(2 分)	一般(1 分)	加权平均分
投资回报周期				
技术状况				
市场大小				
简单性				
推广潜力				
团队状态				

参考方法 2　温斯丁豪斯法

温斯丁豪斯(Westinghouse)法的实质是计算和比较各个机会的优先级,公式如下:

$$\text{机会优先级}=\frac{\text{技术成功率}\times\text{商业成功率}\times\text{年均销售数}\times(\text{价格}-\text{成本})\times\text{投资生命周期}}{\text{总成本}}$$

在该公式中,技术成功率和商业成功率以百分比形式表示(从 0 到 100%);成本是以单位产品成本计算;投资生命周期是指可以预期的年均销售数(平均年销售数以销售的产品数量计算)保持不变的年限;总成本是指预期的所有投入,包括研究、设计、制造和营销费用。将不同创业机会的具体数值代入计算,特定机会的优先级越高,该机会成功率越高。

课堂训练

将你的项目技术成功率确定为(　)%,市场上的商业成功率确定为(　)%,在 3 年的投资生命周期中年均销售量预计为(　)个,每个产品销售价格为(　)元,成本为(　)元。成本中,研发费用为(　)元,设计费用为(　)元,制造费用为(　)元,营销费用为(　)元,那么这个创业机会的优先等级为:

$$\frac{?\%\times?\%\times?\times(?-?)\times3}{?+?+?+?}$$

参考方法 3　珀泰申米特法

珀泰申米特(Hanan Potentionmeter)法是一种预先设定好权值的选项式问卷

方法。大学生创业者可以针对不同因素的不同情况，来判断特定创业机会成功的潜力指标。对于每个因素来说，不同选项的得分可以从 -2 分到 +2 分，通过对所有因素得分进行求和得到最后的总分，总分越高说明特定创业机会成功的潜力越高，表 12.4 即为利用珀泰申米特法对项目进行评价所估计的得分。

表 12.4　珀泰申米特法评价表

评价因素	项目 1 得分	项目 2 得分
对于税前投资回报率的贡献	1	0
预期的年销售额	2	1
生命周期中预期的成长阶段	2	1
从创业到销售额高速增长的预期时间	2	–2
投资回收期	1	–1
占有领先者地位的潜力	–1	0
商业周期的影响	2	0
为产品制定高价的潜力	2	2
进入市场的容易程度	2	1
市场试验的时间范围	2	2
销售人员的要求	1	–1
总 计	16	3

从表 12.4 中的数据可得出项目 1 比项目 2 具有更高的可行性，需要创业者注意的是：只有最后得分高于 15 分的创业机会才值得创业者进行下一步的策划，低于 15 分的都应被淘汰。

参考方法 4　贝蒂的选择因素法

该方法通过 11 个选择因素的设定来对创业机会进行判断。如果某个创业机会只符合其中的 6 个或更少的因素，这个创业机会就很可能不可取；相反，则表明这个创业机会将大有希望。11 个选择因素的具体内容如下。

(1)这个创业机会是否只有你一个人发现了？

(2)初始的产品生产成本是否可以承受？

(3)初始的市场开发成本是否可以承受？

(4)产品是否具有高利润回报的潜力？

(5)是否可以预计产品投放市场和达到盈亏平衡点的时间？

(6)潜在的市场是否巨大？

(7)你的产品是否是一个高速成长的产品家族中的第一个成员？

(8)你是否拥有一些现在的初始用户?

(9)是否可以预期产品的开发成本和开发周期?

对于大学生来说,创业并非只有在各种资源齐备的前提下才能进行,资源缺乏的情况下也能找到机会。从创业的本质来说,市场经济无论好与坏,始终都有机会,我们要做的就是去发现、利用这些机会。

课堂训练

优秀创业项目的特点

A同学说:优秀企业项目业务模式清晰,项目运行要靠系统,要有“套路”。业务模式的好坏直接关系到收益的多少。

B同学说:优秀创业项目有市场容量、增速稳定最重要。

C同学说:可被商业化的用户痛点最重要。一是有付费意愿+付费能力的用户;二是用户愿意为这个痛点付费;三是项目已做出一定成绩。

D同学说:优秀创业项目一定有可被商业化的解决方案。

E同学说:优秀创业项目拥有可以整合利用的基础资源。

思考并回答:

结合以上几位同学的观点,查阅资料,你认为优秀创业项目有哪些特点要素?

测试

以下题目是与创业机会识别、创业机会把握、创业机会选择相关的练习,通过这些练习,可以分析与评估自己是否是一个能够及时把握创业机会的创业者。

1. 下面是美国兰德公司的经典心理测试题,认真做下面这个测试,看看你的潜意识是怎样的,以帮助你正确认识自我。

要求:每题只能选择一个答案,并且该答案必须为你的第一印象,不能经过比较分析再决定答案。完成测试后,把每题相应答案的分值加在一起即为你的得分。

(1)你喜欢吃哪种水果?

A. 草莓(2分)　B. 苹果(3分)　C. 西瓜(5分)

D. 菠萝(10分)　E. 橘子(15分)

(2)你平时经常去哪些地方休闲放松?

A. 郊外(2分)　B. 电影院(3分)　C. 公园(5分)

D. 商场(10 分)　E. 酒吧(15 分)　F. 练歌房(20 分)

(3)容易吸引你的人是?

A. 有才的人(2 分)　B. 依赖你的人(3 分)　C. 优雅的人(5 分)

D. 善良的人(10 分)　E. 性情豪放的人(15 分)

(4)如果你可以成为一种动物,你希望自己是哪种?

A. 猫(2 分)　B. 马(3 分)　C. 大象(5 分)

D. 猴子(10 分)　E. 狗(15 分)　F. 狮子(20 分)

(5)天气很热,你更愿意选择什么方式解暑?

A. 游泳(5 分)　B. 喝冷饮(10 分)　C. 开空调(15 分)

(6)如果必须与一种你讨厌的动物在一起生活,你能容忍哪一种?

A. 蛇(2 分)　B. 猪(5 分)　C. 老鼠(10 分)

D. 苍蝇(15 分)

(7)你喜欢看哪类电影、电视剧?

A. 悬疑推理类(2 分)　B. 童话神话类(3 分)　C. 自然科学类(5 分)

D. 伦理道德类(10 分)　E. 战争枪战类(15 分)

(8)以下哪个是你身边必带的物品?

A. 打火机(2 分)　B. 口红(2 分)　C. 记事本(3 分)

D. 纸巾(5 分)　E. 手机(10 分)

(9)你出行时喜欢坐什么交通工具?

A. 火车(2 分)　B. 自行车(3 分)　C. 汽车(5 分)

D. 飞机(10 分)　E. 步行(15 分)

(10)以下颜色你更喜欢哪种?

A. 紫(2 分)　B. 黑(3 分)　C. 蓝(5 分)

D. 白(8 分)　E. 黄(12 分)　F. 红(15 分)

(11)下列运动中哪一个是你最喜欢的(不一定擅长)?

A. 瑜伽(2 分)　B. 自行车(3 分)　C. 乒乓球(5 分)

D. 拳击(8 分)　E. 足球(10 分)　F. 蹦极(15 分)

(12)如果你拥有一座别墅,你认为它应当建在哪里?

A. 湖边(2 分)　B. 草原(3 分)　C. 海边(5 分)

D. 森林(10 分)　E. 城中区(15 分)

(13)你更喜欢以下哪种天气现象?

A. 雪(2 分)　B. 风(3 分)　C. 雨(5 分)

D. 雾(10 分)　E. 雷电(15 分)

(14)你希望自己的窗口在一座 30 层大楼的第几层?

A. 七层(2 分)　B. 一层(3 分)　C. 二十三层(5 分)

D. 十八层(10 分)　　E. 三十层(15 分)

(15)你认为自己更喜欢在以下哪一个城市中生活?

A. 丽江(1 分)　　B. 拉萨(3 分)　　C. 昆明(5 分)

D. 西安(8 分)　　E. 杭州(10 分)　　F. 北京(15 分)

分析:

40 分以下:散漫,热爱自由,想象力丰富,待人热情,但对朋友没有严格的选择标准。事业心、意志力和耐心都较差,更善于享受生活,我行我素。

40～69 分:性情温良,重友谊,性格踏实稳重,但有时也比较狡黠。没有很强的事业心,能够认真对待本职工作,但对自己专业以外的事物没有太大兴趣。喜欢循规蹈矩的工作和生活,不喜欢冒险,家庭观念强,比较善于理财。

70～99 分:好奇心强,喜欢冒险,人缘较好。事业心一般,对待工作随遇而安,善于妥协。善于发现有趣的事情,但耐心较差,敢于冒险,但有时较胆小。渴望浪漫的爱情,但对婚姻的要求比较现实,不善理财。

100～139 分:爱幻想,思维较感性,以是否与自己投缘为标准来选择朋友。性格显得较孤傲,有时较急躁,有时优柔寡断。事业心较强,喜欢有创造性的工作,不喜欢按常规办事。性格倔强,言语犀利,不善于妥协。崇尚浪漫的爱情,但想法往往不切合实际。金钱欲望一般。

140～179 分:聪明,性格活泼,人缘好,善于交朋友,心机较深。事业心强,渴望成功。思维较理性,崇尚爱情,但当爱情与婚姻发生冲突时会选择有利于自己的婚姻。金钱欲望较强。

180 分以上:意志力强,头脑冷静,有较强的领导欲,事业心强,不达目的不罢休。外表和善,内心自傲,对有利于自己的人际关系比较看重,有时显得性格急躁,咄咄逼人,得理不饶人,不利于自己时顽强抗争,不轻易认输。思维理性,对爱和婚姻的看法很现实。对金钱的欲望一般。

2. 完成以下测试,看看你是否有善于抓住创业机会的能力。

(1)有个陌生女孩向你问路,而恰好方向相同,你会怎么做?

A. 告诉她方向相同,然后一起走。　　B. 很详细地告诉她,再从后面跟着。

C. 默默地带她到目的地。　　D. 告诉她走法,自己另走一条路。

分析:

A:能借此同行,说明你是一个做事负责,善于利用机会的人,也十分体贴地为对方着想,懂得尊重别人。

B:将自己和他人的事情区分得很清楚,喜欢跟在别人后面求安全,没有太强的能力,但能够减少风险使自己获得可能成功的机会。

C:自我意识和自我满足感强烈,不太在意他人的想法而一味强求,因此可能会树敌。

D:意志软弱,讨厌别人误解,在意他人看法。但一旦被人重视,又觉得是一种负担。

(2)正酣然入睡的你忽然被手机铃声惊醒,会做什么反应?

A.立即接通　　B.关机拒接　　C.看电话号码后决定　　D.继续睡

分析:

A:说明你处于一种很敏感的状态,能够迅速地抓住开创事业的机遇。但突如其来的事情可能会让你有些摸不着头脑,因此要切记具体问题具体分析,适时而动。

B:你是个不追逐名利、安于现状的人。但忙碌的你却不会因此而失去发财的机会,需要长时间的等待才能开创自己的事业。

C:你是个处变不惊的潜在生意人,能够根据具体情况来把握有利时机。

D:你看来确实太累啦,应该好好休息,重新调整自己的状态,相信创业的时机总会到来。

(3)参加工作后领到的第一份工资,你是如何分配的?

A.花一些存一些　　B.没计划地花光

C.有计划地花光　　D.已经忘记了

分析:

A:你是个现实主义者,不管做什么都会给自己留下可变化的空间,但你又不愿承受太大的投资风险,也不想失去大好的创业机会,所以事业相对平稳,发展也随之缓慢。

B:你是个随波逐流、不能统筹规划、没有计划的随心主义者,但相当精明,善于把握商机,可以寻找一位投资专家来合伙创业。

C:你是个目的明确、有规划、胆大心细的人,能够准确发现创业机会并迅速做出反应。

D:你是个没有规划,并且安于现状、不喜欢过多思考未来发展的人。如果想要创业,应该制订合理的企业投资方案,并准确实施。

上面的测试仅为参考,通过测试你对自己应该有了一些认识。结合前面的自身条件评估,仔细思考自己是不是适合创业,如果你既有创业激情又具有创业的条件,且善于发现商机,那就尝试行动起来。

【延伸阅读】——《市场细分，如何发掘商业机会并从中获益》《企业的社会责任》《战略与商业机会》《看到未来的商业机会》

10. 影响创业机会识别的因素

11. 常见创业机会的识别方法

12. 给大学生选择创业项目的几点建议

模块五　经营策略——创新创业成功的关键

导入语

经过上一单元的学习，你已经学会了如何寻找适合自己的创业项目。现在，你需要学习企业经营管理的知识，了解企业经营策略。企业经营管理关系到企业的发展方向，是企业各部门工作的核心。在企业经营的过程中，你需要分析你的客户，并为其进行精准画像；制定产品品牌和服务策略；计算开办企业需要多少钱，资金从哪里来；制订市场营销计划；合理控制企业风险。

案例导入

宝洁公司如何进行市场定位

宝洁经过认真的化验发现东方人与西方人的发质不同，于是开发了滋养头发的潘婷，满足了亚洲消费者的需求。

针对不同地区，主推的产品也不一样，如在偏远的山区，宝洁推出了汰渍等实惠的洗涤产品，洗发水则有飘柔家庭装等实惠产品；对北京、上海等国际大都市，则主推玉兰油、潘婷等高端产品。

宝洁的市场定位为青年消费群体，广告画面多选用年轻男女的形象。其较高的市场占有率充分证明了定位的正确性。

宝洁的洗衣粉最初打入中国市场时，调研发现中国消费者对洗衣粉的功效要求不高，用量是西方国家的10%。于是，宝洁将市场细分如下：碧浪定位于高价市场，为5%的市场占有率；汰渍定位于中价市场，为15%的市场占有率；在中国收购与合资的当地品牌熊猫、高福力、兰香定位于低价市场。

宝洁公司旗下的吉列品牌有剃须刀、刀片及其他剃须用品，宝洁将整体市场按性别因素细分为男士市场和女士市场，专门为男士设计了锋速三、超级感应、感应、超滑旋转等系列产品，专门为女士设计了吉列女士专用刀架、刀片 Venus、吉列女士超级感应系列等产品，深受消费者喜爱。

请思考：

宝洁公司如何按照地域、人口、年龄、性别、心理、购买行为等因素实施市场细分？

单元 13 客户分析

企业要想赢利，首先必须为顾客提供令他们满意的产品或服务。企业对目标顾客越了解，提供的产品或服务就越能满足顾客的需求。因此，从确定创业的第一天开始，创业者就必须不停思考以下问题：谁是我的顾客？我要进入哪一个细分市场？我的市场由哪些顾客组成？我通过什么方式吸引顾客？竞争对手是谁？顾客为什么选择我的产品而不是竞争对手的产品？怎样才能使竞争更有成效？

13.1 了解顾客

顾客是企业的根本，如果你不能以合理的价格向他们提供他们需要和想要的产品，他们就会到别处去购买。对你感到满意的顾客会成为你的回头客，他们会向自己的朋友和其他人宣传你的企业。让顾客满意，就意味着会给你带来更多的销售额和更高的利润。

顾客购买产品或服务是为了满足不同的需求，他们购买书籍，是因为他们需要阅读的快乐和知识的满足；他们购买手机，是为了获得信息和娱乐；他们购买衣服，是为了美丽动人的外表。

如果你解决了顾客的问题，满足了顾客的需要，你的企业就有可能成功。企业与顾客的关系就是鱼和水的关系，没有顾客，企业就无法生存。只有了解顾客，才能满足顾客的需要，留住顾客。

一般需要了解顾客的以下信息：

(1)我的顾客是谁？谁愿意购买我的产品？（顾客定位）

(2)区域内有多少潜在的顾客？

(3)顾客最看重产品/服务的什么方面？（规格、颜色、价格、质量还是售后服务）

(4)顾客能为产品或服务消费多少钱？

(5)顾客在哪里？一般在何时何地购买产品？

(6)顾客购买产品的频率是怎样的?(每年/月/周/日)

(7)顾客的数量在增加还是在减少?

(8)顾客是否在寻找有特色的产品或服务?

(9)顾客买你的产品是为了满足什么价值需求?

13.2 如何了解顾客——市场细分

13.2.1 什么是市场细分

市场细分就是指按照细分标准,把一个产品的整个市场划分为若干个具有不同需求标准的顾客群体的过程。目的是针对每个购买者群体采取独特的产品或市场营销组合战略,使企业找到自己的目标市场,确定针对目标市场的最佳营销策略以求获得最佳收益。

市场细分是对需求不同的消费者进行分类,不是对产品分类。一个消费者群体就是一个细分市场(子市场)。进行正确的市场细分,首要的问题是能否确定市场营销在企业中的地位和作用,能否使之成为企业的总参谋部和开路先锋,在企业参与经营或将要参与经营的市场上找出"市场机会与企业实力的平衡点",选出投资回报率高、有长期效益、与公司专长一致的目标市场,才算真正发挥出市场营销的战略作用。

13.2.2 市场细分的意义

1. 有利于发现新的市场机会,提高市场占有率

消费者的需求具有一定的复杂性,通过市场细分,有利于掌握市场动态,企业可以准确地掌握目标市场特点,发现消费者哪些需求已经得到满足,哪些仍是潜在需求;并根据市场动态及时调整以适应不同的需求,从而发现具有吸引力的市场。

2. 用最少的经营费用取得最大的经营效益

企业通过市场细分,选择目标市场,可以有的放矢地采取适当的市场营销措施。企业可以按照目标市场需要变化,及时、正确地调整产品结构,使其产品适销对路;相应地、正确地调整和安排分销渠道、广告宣传等,使产品能顺利、迅速地送到目标市场,从而以最少的经营费用取得最大的经营效益。

3. 有利于提高企业竞争能力

通过市场细分,企业可以把有限的人力、财力资源集中在目标市场上,扬长避短,有的放矢地进行管理,有效开发资源,提高市场占有量,最终提升企业的利润率和竞争水平。

13.2.3 市场细分依据

消费品市场的细分标准可以概括为地理因素、人口统计因素、心理因素和行为因素四个方面,每个方面又包括一系列的细分变量,见表13.1。

表13.1 消费品市场细分标准及变量一览表

细分标准	细分变量
地理因素	地理位置、城镇大小、地形、地貌、气候、交通状况、人口密集度等
人口统计因素	年龄、性别、职业、收入、民族、宗教、教育、家庭人口、家庭生命周期等
心理因素	生活方式、性格、购买动机、态度等
行为因素	购买时间、购买数量、购买频率、购买习惯(品牌忠诚度),对服务、价格、渠道、广告的敏感程度等

1. 地理因素

按地理因素细分,就是按消费者所在的地理位置、地理环境等变数来细分市场。因为处在不同地理环境中的消费者,对于同一类产品往往会有不同的需要与偏好,例如,对自行车的选购,城市居民喜欢式样新颖的轻便车,而农村的居民注重坚固耐用的加重车等。因此,对消费品市场进行地理细分是非常必要的。

地理细分的主要理论依据是:处在不同地理位置的消费者,他们对企业所采取的市场营销战略和企业的产品价格、分销渠道、广告宣传等市场营销措施各有不同的反应。

2. 人口统计因素

按人口统计因素细分,就是企业按照人口变量(包括年龄、性别、收入、职业、教育水平、家庭规模、家庭生命周期阶段、宗教、种族、国籍等)来细分消费者市场。由于人口变数比其他变数更容易测量,且适用范围比较广,因而人口变数一直是细分消费者市场的重要依据。

3. 心理因素

按心理因素细分,就是按消费者的社会阶层、生活方式、个性、购买动机、态度等心理变量来细分消费者市场。

4. 行为因素

企业按照消费者购买或使用某种产品的时机、消费者所追求的利益、使用情况、消费者对某种产品的使用率、消费者对品牌(或商店)的忠诚程度、消费者待购阶段和消费者对产品的态度等行为变量来细分消费者市场。

13.2.4 市场细分过程中需要注意的问题

1. 采用多种标准进行市场细分

企业在进行市场细分时,应注意不同类型企业在市场细分时应采取不同的标准。例如,消费品市场主要以地理环境、人口状况等因素作为细分标准,但不同的消费品的市场体量也有差异。因此,在选择细分标准时,应当采用多项标准进行细分,这样可使整个市场更细、更具体,企业也更易把握细分市场的特征。

2. 市场细分的标准应随社会需求的变化而变化

由于消费者价值观念、购买行为和动机不断变化,企业细分市场采用的标准也会随之变化。

3. 市场细分是一项创造性的工作

由于消费者需求的特征和企业营销活动是多种多样的,市场细分标准的确定和选择不可能完全拘泥于书本知识。企业应在深刻理解市场细分原理的基础上,创造新的、有效的标准。

课堂训练

小组讨论+头脑风暴,对小组项目进行市场细分,确定顾客需求。

例如:化妆品市场是一个完整而庞大的市场,请将其按照类型、年龄、职业进行市场细分。

下面,请参照化妆品的市场细分,对手机进行市场细分。

类型	
年龄	
职业	
心理因素	
地理位置	
收入	
⋮	

单元14 产品策略

14.1 产品组合策略

14.1.1 产品和产品组合

1. 产品

产品是指能够通过交换满足消费者或用户某一需求和欲望的任何有形物品和无形服务。产品分为核心产品、形式产品和附加产品。

核心产品:是指消费者购买某种产品或服务时所追求的实际效用和利益,也就是产品的使用价值,如产品的用途、功能、效用等,这是产品整体概念的最基本的层次,是最重要的部分,是产品的实质。

形式产品:是指产品在市场上销售时的物质形态,它通过五个侧面来表现,包括产品的质量、水平、特色、款式、品牌和包装等。它所展示的是产品的外部特征,能满足同类消费者的不同需求,如书画等工艺品等。

附加产品:也称延伸产品、扩大产品,是指超出产品实体以外的一系列附加利益和附加服务,包括提供信贷、免费送货、维修保证、安装、技术培训、售后服务等在消费领域给消费者的好处。

三个层次不可分割,紧密相连,共同构成产品的整体概念,是核心产品的实质和基础。

2. 产品组合

产品组合是指企业生产经营的所有产品线和产品品种的组合方式,即全部产品的结构。产品组合涉及广度、深度和密度。产品组合的广度是指一个企业拥有产品线的多少;深度是一条产品线所能生产的产品项目;产品组合的密度是指产品线之间的关联度,即产品在最终用途、生产条件和销售渠道等方面相关联的程度。

课堂训练

丰田公司的产品策略

丰田公司在其中档产品卡罗拉的基础上,为高档市场增加了佳美,为低档市场增加了小明星。该公司还为豪华汽车市场推出了凌志。凌志的目标是吸引高层管理者;佳美的目标是吸引中层经理;卡罗拉的目标是吸引基层经理;而小明星的目标是手里钱不多的首次购买者。此种策略的主要风险是有些买主认为两种型号之间(如佳美和凌志之间)差别不大,因而会选择较低档的品种。但对于丰田公司来说,顾客选择了低档品种总比走向竞争者好。

思考并回答:

丰田公司产品策略的优势是什么?

14.2 产品组合策略

优化产品组合,可依据不同情况采取不同策略。

14.2.1 扩大产品组合

扩大产品组合就是拓展产品组合的宽度或深度,即企业在原有产品线的基础上,再增加一条或几条产品线,扩大产品经营范围,或是在原有产品项目的基础上增加新的产品项目,生产经营更多的产品以满足市场的需求。

14.2.2 缩减产品组合

市场繁荣时期,较长较宽的产品组合会为企业带来更多的盈利机会。但是在市场不景气或原料、能源供应紧张时期,缩减产品线反而能使总利润上升,因为剔除那些获利小甚至亏损的产品线或产品项目,企业可集中力量发展获利多的产品线和产品项目。

14.2.3 产品线延伸策略

当企业发展到一定规模和较成熟的阶段,想继续做强做大,攫取更多的市场份额,或是为了阻止、反击竞争对手时,往往会采用产品延伸策略,利用消费者对现有品牌的认知度和认可度,推出副品牌或新产品,以期通过较短的时间、较低的风险来快速盈利，迅速占领市场。该策略有向下延伸、向上延伸和双向延伸三种实现方式。

1. 向下延伸

即企业以高档品牌推出中低档产品，通过品牌向下延伸策略扩大市场占有率。一般来讲，采用向下延伸策略的企业可能是因为中低档产品市场存在空隙，销售和利润空间较为可观，也可能是在高档产品市场受到打击，试图通过拓展低档产品市场来反击竞争对手，或者是为了填补自身产品线的空档，防止竞争对手的攻击性行为。

实行这一决策需要具备以下市场条件之一：利用高档名牌产品的声誉，吸引购买力水平较低的顾客慕名购买此产品线中的廉价产品；高档产品销售增长缓慢，企业的资源设备没有得到充分利用，为赢得更多的顾客，将产品线向下伸展；企业最初进入高档产品市场的目的是建立厂牌信誉，然后再进入中、低档市场，以扩大市场占有率和销售增长率；补充企业的产品线空白。

2. 向上延伸

是在原有的产品线内增加高档产品项目。实行这一策略的主要目的是：高档产品市场具有较大的潜在成长率和较高利润率的吸引；企业的技术设备和营销能力已具备加入高档产品市场的条件；企业要重新进行产品线定位。采用这一策略也要承担一定的风险，要改变产品在顾客心目中的地位是相当困难的，处理不慎，还会影响原有产品的市场声誉。

3. 双向延伸

双向延伸是指原定位于中档产品市场的企业掌握了市场优势以后，决定向产品大类的上下两个方向延伸，一方面增加高档产品，另一方面增加低档产品，扩大市场阵地。

14.2.4 产品线现代化决策

现代社会科技发展突飞猛进，产品开发也是日新月异，产品的现代化成为一种不可改变的大趋势，产品线也必然需要进行现代化改造。产品大类现代化策略首先面临这样的问题：是逐步实现技术改造，还是以更快的速度用全新设备更换原有产品大类？逐步现代化可以节省资金耗费，但缺点是竞争者很快就会察觉，并有充足的时间重新设计他们的产品大类；而快速现代化策略虽然在短时期内耗费资金较多，却可以出其不意，击败竞争对手。

课堂训练

玩具还是梦想?

芭比娃娃是20世纪最广为人知及最畅销的玩偶,由露丝·汉德勒发明,于1959年3月9日举办的美国国际玩具展览会上首次曝光。芭比玩偶由美泰儿公司拥有及生产。半个多世纪以来,芭比娃娃几乎已经成为全世界小女孩的心爱之物。随着这个大眼睛、长头发的玩具娃娃的畅销,今天的"芭比"已经不仅仅是一个玩具,它还是美国女性的一个象征,是美国文化的一个象征。公司每年推出芭比娃娃系列,并为其设计家人、朋友。芭比娃娃还有各种各样的职业,有明星、教师、工程师、护士、兽医等,最让孩子着迷的是,芭比娃娃有数不清的漂亮衣服。

思考并回答:

1. 头脑风暴、小组讨论,芭比娃娃的产品策略包括哪几种?
2. 如果你是新任总经理,你将采取哪些新的产品线延伸策略?

单元 15 价格策略

价格是企业参与竞争的重要手段,价格策略的制定和执行是市场营销活动中很重要的一部分,价格对市场营销组合中的其他策略会产生很大影响,并与其他营销策略相结合,共同推动营销目标的实现。

在市场营销活动中,企业定价是一项既重要又困难,而且有一定风险的工作。产品价格对于该产品为市场所接受的程度有着巨大的影响作用,价格定得是否合理不仅影响到竞争者的行动,而且关系到生产者和经营者的效益及其市场形象,还关系到消费者的生活水平,定价策略在市场营销活动中具有重要地位。

由于价格对市场供求的影响总存在某些不确定因素,因此营销活动中的价格策略必须是以科学规律为依据、以实践经验为手段的统一过程。

15.1 价格策略的重要性

15.1.1 价格能调节和诱导市场需求

价格机制是市场机制中最重要的机制。市场机制完成资源配置主要是通过价格机制的作用来实现的。价格的高低往往直接影响着产品在市场中的地位和形象,影响着顾客对产品的接受程度、影响着产品的销路、制约着销售渠道的选择。合理的价格对顾客的心理会产生良好的刺激作用,本身就具有促销的功能。由于价格是供求关系变化的指示器,能够调节生产,因此价格机制的力量是最强大的经济力量。

例如,在企业的营销产品组合中,尤其是那些具有消费连带与消费替代关系的产品,价格的高低与价格比例的合理性明显影响这些产品的市场需求。这样,企业就可以根据具体产品来确定盈利水平略有差异的不同价格,保证各类产品市场需求与生产经营能力的协调。

15.1.2 价格是营销竞争的重要手段

在市场营销中，技术、质量、服务等固然是企业竞争的重要因素，价格同样是不可忽视的参与竞争的有效手段。很显然，价格对产品的销路及整个企业的利润，都有“看得见”的影响。一般说来，在同一产品有众多供应者的条件下，价格相对低的产品，市场竞争能力就会提高。同时，价格也是竞争对手极为关注并会迅速做出反应的最敏感的因素。另外，由于制定价格时往往很难准确预测消费者和竞争者的反应，由此而导致的决策失误，会使企业陷入困境和带来多方面的损失。因而产品定价既具有高度的科学性，又具有“微妙的”艺术性。

15.1.3 价格影响企业营销目标的实现

合理地制定价格，有利于企业降低产品成本、促进技术进步、提高产品质量，促进企业主动地适应消费者需求、适应市场竞争状况，不断提高经济效益，从而顺利实现企业的营销目标。市场价格的形成具有客观性、规律性的特征，企业定价在很大程度上必须利用和服从这些规律。在现实的营销活动中，企业定价的自由度是有限的，企业往往是市场价格的适应者，而非操纵者。从这个意义上讲，企业的所有工作都必须与价格相适应。因为在既定的价格水平下，企业要想比竞争者更加卓有成效地实现营销目标，建立起优越的市场地位，就必须提供质量过硬、性能卓越、服务良好的产品，使顾客对企业和产品产生偏爱，树立起良好的形象。在这样的情况下，企业必然会尽量采用先进的经营管理方式，减少成本，争取做到以最小的投入获取最大的收益。

课堂训练

“大娘水饺”的定价策略

“大娘水饺”具有菜品的独特性，市场无竞争对手，容易在市场中占据主导地位；餐饮企业本身的品牌效应强，信誉卓著，具有一定的高消费顾客群。

为了促销新产品、出清存货或加快现金周转，“大娘水饺”把菜单的某些价格定在比成本低或接近边际成本的价格，以扩大本类产品及相关产品的市场接受率，达到薄利多销的目的。

“大娘水饺”在实际操作中,折扣定价策略包含了真实折扣和虚假折扣两种形式。真实折扣是经营者在原有菜品价格的基础上给消费者实在的优惠比例,使客人在购买此菜品时比原来便宜。而虚假折扣是经营者用打折来吸引消费者,先提价再折扣,保持实际折扣的价格水平与原来核定的真实价格水平基本相当。由于消费者对此并不知情,所以无论真实折扣还是虚假折扣,都具有一定的吸引力。在实际工作中还可以采用回赠优惠券、免去餐费零头、发放实物礼品、赠送菜肴、免费享受特价菜等做法来吸引顾客。

“大娘水饺”这一策略是根据客人就餐的不同季节、日期、时间等采取不同层次的优惠价格策略。包含的内容主要有:季节优惠、周末优惠、时间优惠等。

思考并回答:

请分析“大娘水饺”的折扣定价策略,并讨论如何将此策略应用于其他企业。

15.2 制约企业价格的因素

在企业的营销工作中,定价是项重要、困难而又充满风险的工作。它在很大程度上决定着产品能否迅速进入市场,影响着产品和企业的社会形象,是构成企业竞争力的重要因素,价格还影响着企业的销售收入和利润。

企业定价考虑的因素主要包括企业的实力、产品成本、市场需求、竞争者的产品、价格以及宏观环境条件等方面的内容。其中,企业的实力尤为重要,因为某些价格决策的运用要以强大的企业实力为后盾。比如,当企业准备采取竞争导向定价,与竞争对手展开直接的价格竞争时,竞争的成败将取决于谁的经济实力更强,能够在较长的时间内维持比竞争者更低的价格水平。此外,价格高低还受到外部条件的制约,在价格决策过程中,企业充分考虑内部环境条件制约的同时,还需要充分考虑外部环境条件的制约。比如,法律环境、市场供求状况、竞争环境和目标市场的接受能力等。

15.3 企业定价的主要方法

产品或服务的价格一方面以商品的价值为基础,另一方面又受到市场供求和各种市场环境因素的影响,往往变化很大。企业要灵活运用价格策略来实现自己的经营目标,就必须了解影响价格变动的基础及各种因素。

实际上,企业的定价方法很多,一般说来,定价方法的具体运用不受定价目标的直接制约。不同产品类型的企业、不同市场竞争能力的企业以及不同营销环境中的企业所采用的定价方法是不同的,即使在同一类定价方法中,不同企业选择的价格计算方法也会有所不同。因此,从价格制定的不同依据出发,可以把定价方法分为三大类。

15.3.1 成本加价法

产品成本是由产品的生产过程和流通过程所花费的物质消耗和支付的劳动报酬所形成的。任何企业都不能随心所欲制定价格,产品定价的基础因素就是产品的成本。在确定产品价格之前,要计算出你为顾客提供产品或服务所产生的成本。企业经营都会有成本,作为创业者,你必须详细了解经营企业的成本。

将制作产品或提供服务的全部费用加起来,就是成本价格。在成本价格上加一个利润百分比得出的是销售价格。

很多企业因为没有能力控制好企业的经营成本而陷入财务困境。一旦成本大于收入,必然导致企业倒闭。

如果你的企业经营有效,成本不高,用这种方法制定的销售价格在当地应该是具有竞争力的。但是,如果你的企业经营不好,你的成本可能会比竞争者的高,这意味着你用成本加价法制定的价格会太高,而不具有竞争力。

怎样具体地计算成本价格呢?

(1)你要了解自己生产产品或提供服务的成本构成。

(2)你要了解固定资产折旧也是一种成本。

(3)计算出单位产品的成本价格。

15.3.2 竞争价格法

即以同类产品或服务的市场供应竞争状态为依据,根据竞争状态确定是否参与竞争的定价方法。在现代市场营销活动中,竞争导向定价已被企业广泛采用。

对于竞争激烈的产品,价格是一种重要的竞争手段,企业必须了解竞争者所提供的产品质量和价格,考虑比竞争者更为有利的定价策略,这样才能获胜。

在定价时，除了考虑成本外，你还要了解一下当地同类商品或服务的价格，以保证你的定价具有竞争力。如果你定的价格比竞争者的高，你要保证你能更好地满足顾客的需要。

实际上可以同时用成本加价和竞争比较这两种方法来制定价格。一方面，你要严格核算产品成本，保证定价高于成本。另一方面，你应随时观察竞争者的价格，并与之比较，以确保你的价格有竞争力。切记，要比较同类价格。例如，不要拿制造商的销售价和商店的零售价进行比较。

在定价时，有一件事对你来说可能是难以预料的，即你的竞争者对这家新生企业的反应。有时，当一家新企业进入市场时，竞争者的反应是很激烈的。他们也许会压低价格，使新企业难以立足。所以即使你的企业计划做得很完备，也总会面临一些意外的风险。

对于一个新企业来说，预测成本绝不是一件容易的事。最好的方法是参照一家同类企业，了解该企业算入了哪些成本，这样，在计算你的企业启动资金时，你就会对这种成本有所了解。

15.3.3 需求导向定价

即以产品或服务的社会需求状态为主要依据，综合考虑企业的营销成本和市场竞争状态，制定或调整营销价格的方法。由于与社会需求有联系的因素很多，如消费习惯、收入水平、产品或服务项目的需求价格弹性等，企业对这些因素的重视程度不一，这便形成了几种具体的需求导向定价法。

1. 习惯定价法

在长期的购买使用中，消费者习惯上已经接受了某种产品的属性和价格水平，企业在从事新产品、新品种开发之际，只要产品的基本功能和用途没有改变，消费者往往只愿意按以往的价格购买产品。经营这类产品或服务的企业不能轻易改变价格，减价会使消费者怀疑产品的质量，涨价会影响产品的市场销路。

2. 可销价格倒推法

产品的可销价格即为消费者或进货企业习惯接受和理解的价格。可销价格倒推法就是企业根据消费者可接受的价格或后一环节买主愿接受的利润水平确定其销售价格的定价法。

一般在两种情况下企业可采用这种定价法。

(1)为了满足在价格方面与现有类似产品竞争的需要，而设计出在价格方面能参与竞争的产品。

(2)对新产品的推出，先通过市场调查确定出消费者可接受的价格，然后反向推算出产品的出厂价格。

3. 认知价值定价法

这是企业根据消费者对产品或服务项目价值的感觉而不是根据成本来制定价格的方法。

在现实生活中，某些创新型产品，由于消费者对此缺乏比较的对象，一时对产品捉摸不透：企业的利润很低，消费者可能会认为定价太高；目标利润高，消费者也可能认为价格便宜。这里就有一个消费者对产品的“认知价值”的问题。

认知价值定价法实际上是企业利用市场营销组合中的非价格变数，如产品质量、服务、广告宣传等来影响消费者，使他们对产品的功能、质量、档次有一个大致的“定位”，然后再定价。如某企业开发的产品是高质量、豪华型、全面服务的高价位产品，只要经过促销宣传使消费者理解到这是一种“高消费”的产品，企业即使把价格定得很高，还是能吸引那些对此有“认知”的消费者。当然利用这种定价方法，必须正确估计消费者的“认知价值”，估计过高或过低对企业都是不利的。

课堂训练

小组讨论，给产品定价应当考虑的因素以及同类竞争产品的价格，并提交“产品价格策略文案”。

在计算机刚刚进入市场的时候，其价格与今天的价格相比已经不可同日而语；当手机是一种身价的象征时，谁也不曾想到，今天的手机已经普及到小学生了。所以，不管企业生产的产品质量有多好，产品价格还得由市场说了算。

具体来说，一个产品在它的生命周期的不同阶段，价格不同。

（一）开发/引进阶段

产品在开发/引进阶段进入市场，定价较高，但利润较低，因为营销成本高。

（二）成长阶段

在成长阶段，产品逐渐得到市场认可，定价较高，利润开始增长。

（三）成熟阶段

在成熟阶段，因为大多数潜在顾客已经购买了企业的产品，新顾客很少，产品价格降低或打折销售，企业盈利减少，营销费用加大。企业应在此时开发新产品并迅速引进市场。

（四）衰退阶段

在衰退阶段，原有产品销售额和利润开始下降，宣告退出市场，新产品开始盈利。

作为创业者，应该分析你的产品进入的市场正处于哪个阶段，从而确定你的营销策略。最佳的时机当然就是及早进入市场，以在市场的发展阶段获得最大的利润。而且，这个阶段的竞争也不是很激烈。

如果你想在产品的成长期和成熟期获利，那就需要在产品的开发阶段进入市场。这个阶段的营销任务就是向顾客介绍新产品，使顾客了解新产品将给他们带来什么。但是同时，企业的营销费用相对较高。

▶单元 16 营销策略

16.1 什么是企业营销管理

按照菲利普·科特勒的解释,所谓企业营销管理,是指为了实现企业目标而对旨在创造、建立和保持与目标顾客之间有益的交换关系的设计方案所进行的分析、计划、实施和控制。

营销管理的实质,是需求管理,即对需求的水平、时机和性质进行有效的调节。在营销管理实践中,企业管理需要预先设定一个预期的市场需求水平,然而,实际的市场需求水平可能与预期的市场需求水平并不一致。这就需要企业营销管理者针对不同的需求情况,采取不同的营销管理对策,进而有效地满足市场需求,确保企业目标的实现。

管理市场需求也就是管理顾客,即顾客关系管理。企业要"以消费者为中心",兼顾两类顾客:新顾客和老顾客。传统的营销管理理论和实践强调企业应吸引新顾客和创造更高的销售业绩,但随着市场竞争环境的变化,企业的营销管理重心正在发生转移。除了应设计战略吸引新顾客,并尽力创造与新顾客的交易之外,企业还应竭尽全力地留住老顾客,并与老顾客建立持久的良好关系。

吸引一个新顾客的成本可能是使一个老顾客继续感到满意的成本的 5 倍甚至 10 倍。因为失去一位顾客不仅是失去一笔交易,而且是失去了这个顾客在其整个购买生命期内可能会发生的全部购买量。因此,努力保住现有顾客会产生更好的经济效益。企业可能在某笔交易上赔钱,但从长期顾客关系中仍会获得巨大利益。

当然,这并不意味着吸引新顾客不重要,只是企业在吸引新顾客的同时,还必须注意保住老顾客并与其建立可获利的长期关系。保住老顾客的关键是提供卓越的顾客价值和满意体验,因而许多世界著名的大企业都在关照它们的老顾客,并尽力使其感到满意。

课堂训练

我第一次创业是在1985—1995年，当时董事长是我，总经理是我，供销科长和推销员还是我自己——我一个人包打天下，这样的销售方式就叫推销，靠的是一个人的能力、勤奋、智慧和艰苦奋斗的精神。推销虽然是一个很伟大的事业，但是发展方太公司光靠推销是不行的，必须要靠营销。

——茅理翔　方太集团前董事长

评析：

大部分优秀企业在创建之初，都经历了一个艰苦奋斗的过程。很多现在非常成功的企业，最初的营销竟然是创业者自己去推销自己的产品，茅理翔就是典型的代表人物。但是，一个企业要做强做大，光靠推销是不行的，必须靠营销。营销的目的就在于深刻地认识和了解顾客，从而使企业的产品或服务完全适合顾客的需要而形成企业产品的自我销售。理想的营销会产生一个已经准备来购买的顾客，剩下的事就是如何便于顾客得到这些产品和服务。

思考并回答：

1. 营销的目的是什么？
2. 营销与推销的区别？

16.2　企业营销管理的过程

企业营销管理的目的在于使企业的营销活动与复杂多变的营销环境相适应，这是企业经营成败的关键。企业营销管理的过程就是识别、分析、选择和发掘营销机会，以实现企业的战略任务和目标的管理过程，亦即企业与其最佳的市场机会相适应的过程。

16.2.1　发现和判断市场机会

市场机会是指市场上未被满足的需求。市场上一切尚未满足的需求都可以认为是企业的市场机会，但并非任何市场机会都会成为特定企业的营销机会。营销机会是指对企业具有吸引力的、企业能享有竞争优势的市场机会。某一市场机会能否成为特定企业的营销机会，主要取决于该市场机会是否与特定企业的战略目标和资源状况相适应，是否能够使特定企业扬长避短、发挥优势、比竞争者和潜在竞争者获得更多的超额利润。

企业营销人员不仅应善于发现和识别市场机会，而且更应善于对其进行分析和评估。对企业来说，要分清哪些市场机会仅仅只是环境机会，哪些市场机会才是适合于本企业的营销机会。要发现潜在的市场，就是客观上已经存在或即将形成、而尚未被人们认识的市场。对于潜在市场，必须做深入细致的调查研究，弄清市场对象是谁，容量有多大，消费者的心理、经济承受力如何，市场的内外部环境怎样，等等。要发现潜在市场，除了充分了解当前的情况以外，还应该按照经济发展的规律，预测未来发展的趋势。

通常，市场机会和市场威胁并存，因此，企业不仅要注意寻找市场机会，抓住营销机会，也要注意发现市场威胁，并尽可能采取有效措施来避免或者减少各种市场威胁可能给企业带来的危害。

16.2.2 研究和选择目标市场

研究和选择目标市场通常包括以下内容。

1. 测量和预测市场需求

即对企业所选的特定营销机会，不仅要仔细测量其现有的市场容量，而且要预测其未来的市场规模，为企业决定是否进入特定市场以及如何进入特定市场提供客观依据。

2. 选择目标市场

即企业选择一个、多个或者整体市场作为自己的服务对象的过程。通常大多数企业都不大可能为需求差异显著的所有子市场提供最佳的服务，因而应在对经过市场细分的各个子市场进行分析和评估的基础上，选择并确定自己的目标市场，集中力量为一个或者多个子市场服务。

3. 进行市场定位

市场定位是企业根据竞争者现有产品在市场上所处的位置，针对顾客对该类产品某些特征或属性的重视程度，为本企业产品塑造与众不同的鲜明形象，并将这种形象生动地传递给顾客，从而使该产品在市场上确定适当的位置。

4. 管理市场营销活动

企业进行营销活动时，不仅需要按产品（或者品牌）制订出具体的营销计划，更需要实施和控制营销计划。营销计划的实施过程包括：制订详细的行动方案，建立合理有效的组织结构，设计相应的决策和报酬制度，开发并合理调配人力资源，建立适当的企业文化和形成合适的管理风格等。在实施营销计划的过程中，营销管理者可能会遇到某些意想不到的情况，因而需要建立一个保证营销计划实施的控制系统来实现营销目标。通过营销计划实施的控制系统可以及时发现营销计划本身和营销计划实施中的问题，及时找出产生问题的原因并反馈给管理者和决策者，以便及时改进。为了保证营销计划的顺利实施，营销管理部门的组织架构还应该与企业的规模和营销管理的任务相适应。

16.3 市场营销策略

市场营销策略指明企业的发展方向，是企业各部门工作的核心和龙头。

1960 年，麦卡锡提出了著名的 4P 组合。麦卡锡认为，企业从事市场营销活动，一方面要考虑企业的各种外部环境，另一方面要制定市场营销组合策略，通过策略的实施，适应环境，满足目标市场的需要，实现企业的目标。麦卡锡绘制了一幅市场营销组合模式图，图的中心是某个消费群，即目标市场，中间一圈是四个可控要素：产品（Product）、价格（Price）、促销（Promotion）、渠道（Place），由于这 4 个词的英文字头都是 P，再加上策略（Strategy），所以简称为营销 4Ps。

我们将产品、价格、促销、渠道四个要素作为制定营销策略的基础，展开市场运作，四个要素都会在市场运作过程中形成不同的匹配状态。

16.3.1 产品策略

产品是营销操作的主题，是企业经营的支撑和媒介，企业的一切行为都是围绕产品来进行的，即通过及时、有效地提供消费者所需要的产品而实现企业的发展目标。

产品策略包括产品发展、产品计划、产品设计、交货期等决策的内容。你要决定你想要出售的产品的类型、质量、颜色、外观、品牌、商标、包装和规格等。为此，你要充分了解顾客的消费需求、了解顾客需求的变化、提供顾客想要的产品，并且不断创新和变化。消费包括个人消费和集体消费，不管是哪一种消费，只有有需要才会有消费，所以产品必须投其所好，要始终关注顾客的需要，要保证你提供的产品或服务是顾客想要的，而不是你想要的。

例如：湖南美食文化孕育出中华名吃——香豆腐。湖南人敢为天下先创造了传奇品牌——斗腐倌。斗腐倌从品牌单一的香豆腐发展成 7 大系列产品，由一口锅卖豆腐升级成一站式迷你小吃店赚钱模式。斗腐倌将小豆腐做成大生意，成为小本创业项目中的典范。

斗腐倌创始人刘向阳先生是典型的小本创业者，他 2008 年从一张桌子、一口锅卖豆腐开始创业，发展成代理店 600 多家、销售额 5 000 多万元的企业，是小本创业中的实力派。

16.3.2 价格策略

价格是你用产品要换回的钱数,在确定了产品之后,你要为其定价,在制定产品价格时,你必须知道你的产品的成本、顾客愿意出多少钱买你的产品,以及竞争者同类产品的价格。

在企业营销过程中,价格虽然不是唯一的因素,但绝对是一个非常重要的因素,所以如何制订和运用好价格策略对企业的经营至关重要。

价格策略包括确定定价目标、制定产品价格原则与技巧等内容。其影响因素包括付款方式、信用条件、基本价格、折扣、批发价、零售价等。

16.3.3 促销策略

促销是指利用各种方式向顾客传递信息并吸引他们来购买你的产品或服务,用来支持销售和提升总体品牌形象的具体策略,是企业通过人员推销、广告、公共关系和营销推广等各种促销手段,向消费者传递产品信息,引起他们的注意和兴趣,激发他们的购买欲望和购买行为,以达到扩大销售的目的的活动。其影响因素包括广告、营销推广、公共关系、人员销售等。

1. 广告

广告是最为直接的吸引消费者关注并实施购买行为的一种有效方式,一个有想法的广告不仅仅会提高产品知名度,增加销售额,还会引导人们的消费观念,从而改变人们的生活方式,如电视广告、报纸广告、杂志广告、DM 广告、出租车广告、网络广告等。

2. 营销推广

是指尽一切努力使光顾企业的顾客购买更多的产品,如免费品尝、免费试用、买赠、抽奖、积分换购等促销方式。

3. 公共关系

公共关系即借助媒体发布利好信息为企业做宣传来影响顾客。公共关系可以增加企业的信誉度,为很多初创企业所青睐。新闻发布、媒体报道、博客、微信等是常用的建立公共关系的方式。

4. 人员销售

人员推销策略在公司营销策略中占据重要地位,人员销售即业务人员与顾客进行面对面的沟通,以促成交易。企业在制订促销策略前,要先了解竞争对手使用的促销方法,然后再采用对自己企业奏效的促销方式。推销人员要出色地完成推销任务,必须推销自己,让消费者接受和认可;推销价值观念,通过与消费者的双向交流与沟通，改变、强化消费者的价值观和认识事物的思维方式，使消费者接受新的观念。

16.3.4 渠道

渠道策略是市场营销组合策略之一。它同产品策略、促销策略、价格策略一样，是企业能否成功地将产品打入市场，扩大销售，实现企业经营目标的重要手段。渠道策略主要研究使商品顺利到达消费者手中的途径和方式等方面的策略。其影响因素包括分销渠道、区域分布、中间商类型、运输方式、存储条件等。

世界营销大师菲利普·科特勒认为："企业应当全力以赴地发现分销渠道，分销渠道越多，企业离市场越近。"因此，企业必须清楚谁来负责销售，以及采用什么样的具体渠道，是采用直接销售方式，还是使用分销商、批发商；是通过同行联合，还是使用其他渠道等。

上述四个方面的策略组合起来总称为市场营销组合策略。市场营销组合策略的基本思想在于：从制定产品策略入手，同时制定价格、促销及渠道策略，组合成策略总体，以便达到以合适的商品、合适的价格、合适的促销方式，把产品送到合适地点的目的。企业经营的成败，在很大程度上取决于这些组合策略的选择和它们的综合运用效果。

课堂训练

你要在校园内经营一家小型奶茶店，主要服务于在校师生。你需要针对市场行情制定一个详细的市场营销策略。

特征	内容产品				
	(1)	(2)	(3)	(4)	(5)
质量					
特色					
包装					
外观					
规格					
品牌					
⋮					

产品：

价格：

特征	内容产品				
	(1)	(2)	(3)	(4)	(5)
竞争者的平均价格					
我的预计成本					
我的价格					
如此定价的理由					
产品价格手册					
给谁折扣					
⋮					

促销与分销：

促销方式	分销渠道

16.4 产品层次与生命周期

16.4.1 产品层次

产品层次是指从满足客户需要的角度对产品所提供的服务进行的划分。产品层次的划分有利于营销组合的制度。

产品的整体概念由 5 个基本层次组成，即核心产品层次、基本产品层次、期望产品层次、附加产品层次和潜在产品层次，如图 16.1 所示。

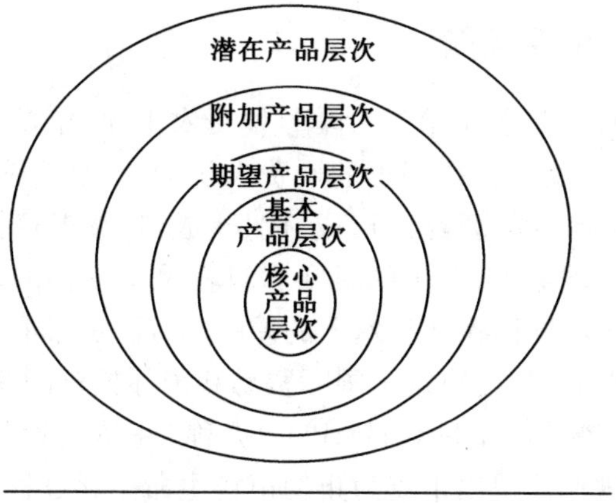

图 16.1　产品整体概念的五个层次

1. 核心产品层次

核心产品层次是指产品的核心功能，即消费者真正购买或使用该产品的原因。产品的核心层次要能帮助使用者解决最基本的问题，比如书籍的消费是为了增长知识。

2. 基本产品层次

基本产品层次是满足消费者核心利益的物质表现形式，也就是产品基本的有形形式，是核心利益借以实现的形式。

3. 期望产品层次

期望产品层次是指购买者在购买产品时通常期望或默认的一组属性和条件，如旅馆——干净的床、新的毛巾、清洁的厕所、相对安静的环境等。

4. 附加产品层次

附加产品层次是指厂商能提供给消费者的在实体商品之外更多的服务与利益，如旅馆——电视机、免费 Wi-Fi、鲜花、快捷结账、美味的晚餐、优质的服务等。

这一层次包括供应产品时所获得的全部附加信息和利益，包括送货、维修、保证、安装、培训、指导及资金融通等，还包括企业的声望和信誉。

5. 潜在产品层次

潜在产品层次是指该产品在将来最终可能会实现的全部附加部分和转换部分(产品将来的发展方向)，是企业努力寻求的满足顾客并使自己与其他竞争者区别开来的新方法。

企业在生产和销售产品时不但要重视产品的核心功能，而且要注意产品的形式，为顾客提供更多附加利益。

16.4.2 产品生命周期

产品生命周期理论是美国哈佛大学教授费农 1966 年在其《产品周期中的国际投资与国际贸易》一文中首次提出的。费农认为，产品生命是指市场上的营销生命，产品和人的生命一样，要经历形成、成长、成熟、衰退这样的周期，而这个周期在不同技术水平的国家里，发生的时间和过程是不一样的，其间存在较大的差距。这种差距表现了不同国家在技术上的差距，它反映了同一产品在不同国家市场上的竞争地位的差异，从而决定了国际贸易和国际投资的变化。

产品生命周期（Product Life Cycle，PLC）亦称“商品生命周期”，是指产品从准备进入市场开始到被淘汰退出市场为止的市场生命循环过程，是产品或商品在市场运动中的经济寿命，主要是由消费者的消费方式、消费水平、消费结构和消费心理的变化所决定的。一般分为开发期、引进期、成长期、成熟期（饱和期）、衰退（衰落）期五个阶段，如图 16.2 所示。

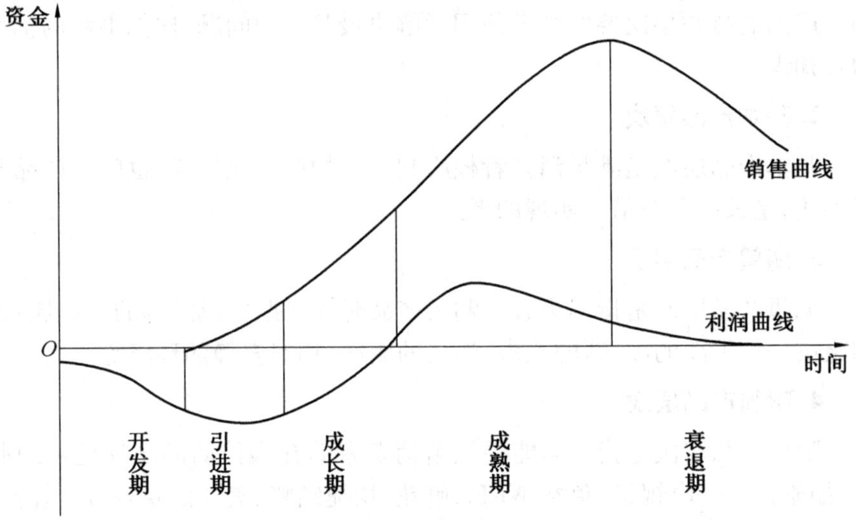

图 16.2 产品在生命周期各个阶段的销售规律

产品在各个时期的特点如下。

1. 开发期

开发期即从开发产品的设想到产品制造成功的时期。此期间该产品销售额为零，公司投资不断增加。

2. 引进期

新产品投入市场，便进入了引进期。此时，顾客对产品还不了解，除了少数追求新奇的顾客外，几乎没有人实际购买该产品。在这一阶段，由于技术方面的原因，产品不能大批量生产，同时为了扩展销路，需要大量的促销费用对产品进行宣传，因而成本高，销售额增长缓慢，企业不但得不到利润，反而可能亏损。产品也有待进一步完善。

3. 成长期

当产品进入引进期，销售取得成功之后，便进入了成长期。这时大量的新顾客开始购买，市场逐步扩大。这是需求增长阶段，需求量和销售额迅速上升，生产成本大幅度下降，利润也显著增加。竞争者看到有利可图，将纷纷进入市场参与竞争，使同类产品供给量增加，价格随之下降，企业利润增长速度逐步减慢，最后达到生命周期利润的最高点。

4. 成熟期

经过成长期之后，随着购买产品的人数增多，市场需求趋于饱和，产品便进入了成熟期。此时，潜在的顾客已经很少，销售额增长缓慢直至转而下降，标志着产品进入了成熟期。在这一阶段，竞争逐渐加剧，产品售价降低，促销费用增加，企业利润下降。

5. 衰退期

随着科技的发展、新产品和替代品的出现以及消费习惯的改变等原因，产品销售量显著衰退，利润也大幅度滑落，产品从而进入衰退期。

单元 17 财务管理

17.1 初创企业财务管理的内容

财务管理是企业管理活动的一项重要内容，它是对资金进行的管理，主要解决企业资金的筹集、运用和分配等问题。

一个企业的兴衰与财务息息相关，企业管理必须以财务管理为中心，因为财务管理是企业管理的基础，是企业内部管理的中枢，并且能够反映企业经济活动情况，为企业经济管理提供完整的，以财务信息为主的经济信息。企业的财务管理主要包括以下几个方面。

17.1.1 资产管理

企业的资产管理包括了企业的流动资产、原材料、产成品、固定资产、应收应付账款等管理内容，首先，企业初始期一般不会设有仓储等财务管理部门，销售部门也没有明确的职责管理资产。因此，一方面，财务管理可以避免企业资产流失，企业资产的流失，对初始期的企业将是重大的打击；另一方面，财务管理可以起到记录并及时审核企业资产价值的重要作用，因此资产管理是企业管理中的重要任务。

17.1.2 经营管理

企业的经营管理分为成本控制和总利润控制两方面。企业的各项成本虽然发生在企业的各个人员和各个部门中，企业的利润虽然主要取决于销售部门和科研部门，但是最终这两部门都需要财务部进行核算。因此做好财务管理对企业初期经营能尽快盈利起到了重要的作用。

17.1.3 投融资管理

处于初创时期的企业，通常现金流短缺，没有办法扩大规模，形成规模效应，降低成本,最快实现盈利。如果对未来的现金流、利润增长等做出了合理准确的财务预测,则可能会给企业带来投融资机会,加快企业的成长。

总之,企业初创时期,绝不能因为自身规模较小,业务单一,利润较薄,就忽略企业内部的财务管理。大学生创办企业可以解决就业难的问题,也可以将新的创意或者新的技术等转化为生产力。但是,创业之路是曲折的,管理企业是艰辛的,特别是大学生初创企业的管理更艰辛。因此,在企业创业初期,首先要做好财务管理这项工作,这将为企业的发展壮大奠定良好的基础。

17.2 预测启动资金

17.2.1 启动资金的类型

启动资金是指创业者进行创业时,前提的资本投入,是项目的前期开支。创业者应当确定开办企业必须购买的物资和必要的其他开支,并预算其总费用。启动资金用来支付场地、店面装修、采购设备、原材料和商品库存、店铺租赁、营业执照、开业前广告和促销、工资以及水电费等费用。确定所需资金,应考虑三个方面的问题:开办企业所需资金、企业运营所需资金和创业者个人的相关支出。

1. 企业开办资金

企业开办资金是指企业创办之初发生的支出。业务一旦开展,发生的费用就不再是开办资金。每个企业开办时都会有投资,有的企业用很少投资就能开办,而有的却需要大量的投资才能开办。创业者要把必要的投资降到最低限度,让企业少担些风险。企业开办资金包括:机器设备费用、初始库存费用、房租和水电费、营运执照和各类许可证、某些法律费用和开业典礼与广告宣传费用。

如果要开家餐馆,开办资金的用途包括桌椅板凳、器皿餐具等,还得购买或租赁餐馆用房、办理营运执照和许可证、印制菜谱等。

2. 营运资金

企业自开始营运到产生足够利润维持企业正常运转之前,都需要投入营运资金。包括库存商品费用、原材料费用、广告宣传费用、薪酬、税金、维修费用、保险费用、租金及水电费等。一旦餐馆开始营运,营运资金就派上用场了。不断采购食物原料、支出厨师和服务员工资、交营运税金、支付月度租金等。确定每月企业营运的资金需要量非常重要。

3. 个人支出

个人支出包括创业者生活必需的各项支出。包括衣、食、住、行、保险、医疗及必要的社交、娱乐等支出。

许多初创企业都不能很快获利，有的甚至需要半年至一年才能盈利。因此，必须考虑这期间的个人生活费用问题。有的人在创办新企业的同时，仍然做着另外一份工作，或者能够获得家人的帮助获得稳定收入。这样有助于降低创业的资金需求。

17.2.2 计算启动资金

企业开办资金用于营运前支出（投资资金）和营运前期支出（营运资金）两种用途，两类支出的区别在于其发生的时间——是在企业开始运营之前还是在运营之后。新企业启动资金是投资资金和营运资金之和。创业者在考虑自己要投入多少资金、还需要借入多少资金的时候，启动资金总数量就可以作为一个参考，启动资金计划表见表17.1。

表17.1 启动资金计划表

支出项目	营运前支出	营运前期支出	其他支出
企业注册登记			
员工第一个月的薪酬			
厂房设计费			
设备购置			
购买原材料			
设备动力线路			
购买商品			
开业宣传			
购置/租赁工业区土地			
两个月的办公用品			
动力接入			
购买一辆二手卡车			
投资研究顾问费			
支付企业房租			
购置库存			
火灾保险			
员工健康保险			
促销			
电脑设备			

续表 17.1

支出项目	营运前支出	营运前期支出	其他支出
车间建筑材料			
安装电话			
第一个月的电话费			
补充库存			
往返设备供应商的差旅费			
第一年的车辆保险			
一辆卡车的维修费			
贷款利息			
还朋友借款			

营业前支出计划表见表 17.2。

表 17.2　营业前支出计划表

投资项目	说明	金额
土地		
建筑		
顾问费		
通电	10 kV · A	
通水	3 英寸管	
电话	2 线	
机器/设备	（技术规格）	
设备安装	（技术规格）	
车辆		
办公家具		
办公设备——计算机		
营业执照/许可证		
员工培训		
老板工资		
广告		
其他		
总收入		

营业前期支出计划表见表 17.3。

表 17.3 营业前期支出计划表

支出项目	每周/每月数量	金额
房租		
前期库存		
原材料		
半成品		
商品		
办公用品		
保险		
汽油		
电费/水费		
通信费		
促销		
老板工资		
员工工资		
银行费用		
其他		
运营资金总额		

一般来说,企业创办者,特别是年轻人,都知道他们需要资金用来购买机器、设备和工具,但通常都不能认识到,除此之外,他们在开业前还需要许多其他开支。比如,机器设备的安装费用和员工培训费用,这在机器设备投资中要占很大一部分。证照费和保险费在所需总资金计算中也常常被遗漏。所需的营运资金也总是被低估。

初创企业开办之初,企业的产品或服务很难在短期内得到消费者的认同,企业的市场份额较小且不稳定,企业难以在开业之时就形成一定规模的销售额;而且,在商业信用极其发达的今天,很多企业会采用商业信用的方式开展销售和采购业务。赊销业务的存在,使企业实现的销售收入的一部分无法在当期收到现金,从而现金流入并不像预测的销售收入一样多。规模较小且不稳定的销售额,以及赊销导致的应收款项的存在,往往使销售过程中形成的现金流入在企业开业后相当长的一段时间内,无法满足企业日常的生产经营需要,从而要求创业者追加对企业的投资,形成大量的营运资金。

营运前期的时间跨度往往依企业的性质而不同,一般来说,贸易类企业可能会短于一个月;制造企业则包括从开始生产之日到销售收入到账这段时间,可能要持续几个月甚至几年;不同的服务类企业其营运前期的时间会有所不同,可能会短于一年,也可能会比一年要长。

如果营运资金被低估,到时候很可能会出现这种情况:企业生意兴隆但却没钱支付员工工资、补充库存,甚至银行贷款逾期。

因此,建议在计算所需投资资金的时候,按适当比例计入一些未考虑到的支付项目,并把营运资金的使用时间算长一些,不要计算得过紧过少。

课堂训练

开办蛋糕店

张海大学毕业后创业开办蛋糕店,制作面包和蛋糕。主要客户是大学城的居民和学生,能够送货上门。

张海学会了店里各种产品从原材料到成品的制作工艺,也掌握了客户关系方面的很多知识,他的薪水每月 3 000 元。

他列出了开一家蛋糕店所需的机器设备,并且了解了它们的价格。比较贵重的设备主要有:电烤箱 3 500 元,和面机 1 000 元,秤 100 元,碗、碟、盆、盒子、工具等 400 元,桌子、架子等家具 1 100 元,一台能存放三天产品的大冰柜 1 500 元,还需要装修店面,摆上展柜和一些货架,一台收银机 1 250 元,办公室家具 500 元。

现在有一个机会,他可以租下一个比较合适的店铺。在那个地方,人们的收入水平中等,客户基础较好,大概需要准备两个月就可以正式营业了。

做过市场分析后,张海决定把它租下来,租金每月 4 500 元。

张海现在非常忙,他既要进一步完善他的商业计划,还要估计所需的前期投资和营运资金。他把存在银行里的钱全提了出来,仅够所需总投入的 30%。接下来他要为他的蛋糕店登记注册,需要 500 元,订购机器设备(要两个月才能交货)。

水、电、电话都要重新接通,这些大概需要 1 500 元。还得为房屋做保险,这是必须做的,一年要 500 元。

他招聘了两名糕点师傅和一名年轻的学徒,等执照一办下来就把他们请来。每月员工工资要 4 300 元。他想趁设备还没到货期间对员工进行培训,大概需要一周时间。设备安装费用估计要 1 000 元。

张海计划做的业务中有外卖服务,所以需要一辆二手车,要8 000元。一个司机月薪2 500元,车辆保险每年1 000元。

张海还打算在开始营业前请广告公司做些广告宣传工作,大概需要3 600元。

在所有设备安装好后,需要两个星期才能正式营业。张海要利用这两个星期的时间生产各种面包和蛋糕,对生产一线员工进行培训。生产一周所需的原材料费为7 000元,其他成本如水费、电费、电话费、汽车用油费等估计需要800元。为确保生产顺利进行,张海计划开始的时候备够两周生产用的原材料。

张海认为,将来的店中销售大概会占到60%,其余40%靠外卖。外卖约在两周内收回货款。他预计外卖业务将在开业一个月后开始。

张海需要计算他的营运前支出和营运前期支出,以便估计他的资金需求,并做出他的商业计划。

思考并回答:

1. 请列出企业开办期各项工作的时间及其起始点,并区分营运前和营运前期两个阶段。

2. 制作表格,分别列出并计算营运前支出和营运前期支出。

17.3 资金来源

创业者面临的难题之一就是没有“启动资金”。如果自己没有钱,就要在合法的前提下想办法借钱或要钱,创业资金筹集的过程就是我们所说的融资。

创业融资是指初创企业根据自身发展的要求,结合生产经营、资金需求等现状,通过科学的分析和决策,借助企业内部或外部的资金来源渠道和方式,筹集生产经营和发展所需资金的行为和过程。

17.3.1 创业融资渠道

1. 自己筹措

大多数创业者都是一切从零开始,在前途不明朗的情况下,公司很难从银行及其他金融机构得到启动资金。因此,靠创业者自己出资或从家人、朋友处筹集资金,就成为首选的方式。总的来说,成功的企业家的创业资金有30%来自于自己的积蓄。从萌生创业想法到最终付诸实践的过程中总会有机会让你攒下积蓄。

向家人、朋友借钱，应该是很多创业者采取的方法。优势是成功概率高、投资和利息条件更优惠，而且能够更快拿到钱。但随之而来的问题也有家人可能会插手公司；如果创业失败，可能会一辈子对他们有负罪感。

研究发现，70%的创业者依靠自己的资金为新企业提供融资。个人资金具有使用成本低、容易获取和使用时间长的优势。其他投资者在提供资金支持时，也会考虑创业者个人资金投入的情况。

2. 合伙经营

不少人选择合伙创业的方式来减轻创业初期资金的压力，人多力量大，一个出几万元，10 万、20 万元的启动资金很快凑拢。但是要注意，用了别人的钱创业——虽然只是一部分——就得面对那个人将会给你带来的风险。

一开始最好是两个人合伙，这样的合伙只需要考虑两个人的创业匹配度。首先，二人的能力是否互补。互补的才能发挥最大的作用，否则容易造成内耗和浪费，短板没人能补上，整体能力就会打折扣。其次，二人的价值观是否统一。最后，有没有容错能力。出了问题相互指责推诿，导致好多合伙创业的朋友最后以好友绝交收场。

所以，用别人的钱创业，看着筹资轻松，风险和问题却从资金层面转移到合伙人层面，我们仍然不能放松警惕。

课堂训练

小米的融资过程

2018 年 7 月，小米集团在香港证券交易所正式挂牌上市。据雷军透露，早期的第一笔风险投资为 500 万美元，其回报高达 866 倍。

2010 年 4 月 6 日，在中关村银谷大厦一间很小的办公室里，一家名叫小米的小公司静悄悄地开业了，公司当时只有 13 名员工。当时，国际上有苹果和三星，国内有华为和联想，每一个都是可望而不可即的庞然大物。小米，这样一个 10 多人的小公司，初期毫无硬件行业经验，全凭无畏的勇气和大胆的创新，用了不到三年的时间，就在行业中名列前茅。小米成了全球排名靠前的智能手机厂商，并通过生态链产品改变了 100 多个行业，全面推动了商业效率的提升，进入全球数十个国家和地区的市场，建起了全球性的消费物联网平台。

资金的支持是小米成长的基础。在寻求融资的过程中,小米也在探索实践新的商业模式——与用户做朋友,实现商业价值与用户价值最大限度的统一。小米证明了靠锐意创新的勇气、持之以恒的勤奋、踏踏实实的行动就能够成功。

截至2021年,小米共进行过9轮融资,获得过12位投资人总额约409.56亿元人民币的融资。

思考并回答:

1. 小米成长的基础是什么?
2. 小米是凭借什么获得多轮融资的?

3. 天使投资

天使投资是自由投资者或非正式风险投资机构对处于构思状态的原创项目或小型初创企业进行的一次性前期投资。天使投资虽是风险投资的一种,但两者有着较大差别:天使投资是一种非组织化的创业投资形式,其资金来源大多是民间资本,而非专业的风险投资商,天使投资的门槛较低,有时即便是一个创业构思,只要有发展潜力,就能获得资金;而风险投资一般对这些尚未诞生或嗷嗷待哺的企业兴趣不大。

在风险投资领域,"天使"这个词指的是企业家的第一批投资人,这些投资人在公司产品和业务成型之前就把资金投进来。天使投资人通常是初创企业家的朋友、亲戚或商业伙伴,由于他们对该企业家的能力和创意深信不疑,因而愿意在业务远未开展之前就投入大笔资金。

一般来说,一个公司从初创期到稳定成长期,需要三轮投资。第一轮投资大多是来自于个人的天使投资,作为公司的启动资金;第二轮投资往往会有风险投资机构进入,为产品的市场化注入资金;而最后一轮投资则基本是上市前的融资,来自大型风险投资机构或私募基金。

4. 政府的创业扶持基金

由政府主导的创业扶持基金不但能为企业带来现金流,更是企业壮大无形资产的利器。政府提供的创业扶持基金通常被称为创业者的"免费皇粮"。近年来,政府充分意识到创业对促进经济增长、扩大就业容量和推动技术创新有着非常重要的作用,为此,各级政府相继设立了一些政府基金,对创业予以支持,主要包括科技创新基金、政府创业基金、专项基金等。

政府提供的创业基金通常被所有创业者高度关注,其优势在于利用政府资金不用担心投资方的信用问题;而且,政府的投资一般都是免费的,进而降低或免除了创业者的筹资成本。但申请创业基金有严格的申报要求;同时,政府每年的投入有限,筹资者需面对其他筹资者的竞争。

5. 风险投资

风险投资(Venture Capital,VC)是指投资者在初创企业发展初期投入风险资本,待其发育相对成熟后,通过市场退出机制将所投入的资本由股权形态转化为资金形态,以收回投资,取得高额风险收益的行为。

由于高新技术企业与传统企业相比更具备快速成长潜力,所以风险投资往往把高新技术产业作为主要投资对象。中国IDG资本、今日资本、启明创投、红杉资本中国基金是我国著名的风险投资公司,网易、阿里巴巴、京东等公司都接受过风险投资的注资。

课堂训练

1. 大学生创业可采取的融资方式有哪些?
2. 作为一名大学生,你认为在大学期间应该如何积累创业资源?

单元 18 风险控制

18.1 创业风险与类型

18.1.1 创业风险

创业风险是指创业者在创业活动中所出现的各种不确定性。在创业过程中，创业者要投入大量的人力、物力和财力，引入和采用各种新的生产要素与市场资源，这一过程中必然会遇到各种意外的情况和困难，从而可能使结果偏离创业的预期目标。创业者要树立正确的风险意识，提高判断和预测风险的能力，只有这样，才能在遇到各种意想不到的挫折和困难时积极应对。

从广义上讲，风险是指事件发生与否的不确定性。它是相对某个有机体的，指的是可能发生的事件，如果发生，能阻碍有机体的发展，甚至走向衰亡。从认知学上讲，风险的损害发生与否、损害的程度取决于人类主观认识和客观存在之间的差异性。也就是说，风险指在一定条件下、特定时期内，预期结果和实际结果之间的差异程度。

18.1.2 大学生创业中的风险

在解释风险时会用到“不确定性”一词。“不确定性”与“确定”是特定时间下的概念。不确定性描述的是一种心理状态，它存在于客观事物和人类认识之间，反映出人们由于难以预测未来活动和事件的后果而产生的怀疑态度。很多创业者认为经过千斟万酌而确认的创业机会就不会有风险，其实任何一个看似完美的创业机会也是有风险的，因为多数创业机会都蕴含着诸多的不确定性。

创业是个复杂的、整合各种资源的过程，同时，对于创业者而言，也是一个创业者逐渐成长的过程。大学生创业前期依靠的是梦想、意愿和激情，一经选好项目之后，随着创业过程的深入，梦想和现实的落差会使初创业者感到迷茫，这种迷茫期即所谓的创业中期，这一时期会遇到很多问题，诸如筹集资金、创建团队、营销管理等。这些问题能否顺利解决和创业者经验有很大的关系,这一时期也被称为创业关键期,如果上述问题得到了妥善解决,那么企业就可顺利进入创业持续期。

大学生风险意识则是大学生在创业过程中对创业风险的认识。树立正确的风险意识,能够使大学生创业者具有在创业初期准确判断和预测风险,在创业中期沉着冷静处理风险,以及在创业后期正确预防风险的能力。

大学生由于其生长环境及所受教育的不同,其个体对风险的认识及承受能力也存在差异。按照创业过程中存在风险程度的高低及大学生创业者对风险认知的差异,可将不同风险承受能力的大学生创业者分为保守型、中庸型和进取型三大类,他们各自的特点及创业者个人特征见表 18.1 所示。

表 18.1 大学生创业者的类型、特点及创业者个人特征

创业者类型	创业者特点	创业者个人特征
保守型	以保护本金不受损失和保持资本的流动性为首要目标,不愿用高风险来换取收益,通常不太在意资金是否有较大增值	本能地抗拒冒险,不抱碰运气的侥幸心理,通常不愿意承受投资波动对心理的煎熬,追求稳定
中庸型	渴望有较高的投资收益,但又不愿承受较大的风险,可以承受一定的投资波动	有较高的追求目标,而且对风险有清醒的认识,通常不会采取激进的办法去达到目标
进取型	追求资金的增值,愿意接受可能出现的大幅波动,以换取资金高成长的可能性	非常自信,追求极度的成功,常常不留后路以激励自己向前,不惜冒失败的风险

18.2 创业风险的特征

创业风险种类繁多,贯穿于整个创业过程,但是这些风险具有一些共同的特征。

18.2.1 创业风险的客观性

风险是客观存在的自然现象和社会现象所引起的,是无法回避和消除的。创业本身就是一个识别风险和应付风险的过程,风险的出现是不以人的意志为转移的,所以创业风险的存在是客观的。

18.2.2 创业风险的不确定性

创业风险的不确定性是指创业风险的发生是不确定的,即风险的程度有多大、风险何时何地有可能转变为现实均是不确定的。例如原来预测的市场需求发生了变化,新的技术难以实现,竞争对手采取了有效的对策,需要的资金难以到位等都可能导致创业的失败。

18.2.3 创业风险的损益双重性

创业有成功或失败两种可能性,创业风险有盈利或亏损的双重性。自然灾害和意外事故等带来的风险只会产生损失,而创业活动中的风险则是和潜在的收益共生的。在创业活动中,对创业者来说风险和利益是必然同时存在的,即风险是利益的代价,利益是风险的报酬。

18.2.4 创业风险的可识别性

尽管风险具有不确定性,但创业风险是可以被识别和划分的,随着科技的进步和人们素质的提高,风险的规律性是可以被认识和掌握的。企业可以通过定性或定量的方法对风险进行评估和测量,为风险的管理提供可靠的依据。

18.2.5 创业风险的相对性

创业风险是相对的、变化的,不同的对象有不同的风险,随着时间、空间的改变,风险也会发生变化。创业风险的相对性针对不同的主体而言,即在相同的风险情况下,不同的创业者对风险的承受能力是不同的,主要与收益的大小、投入的大小和风险主体的地位以及拥有的资源量有关。

18.3 大学生创业过程中常见的风险

创业风险包括战略风险、财务风险、市场风险、运营风险和法律风险等。创业者在创业初期,经常会因为缺乏必要的实践能力和经营管理经验而走入误区。

大学生创业过程中面临的风险主要有自身的因素及社会环境方面的影响,具体来说,主要包括以下因素。

18.3.1 偏重科技,迷信创新

大学生长期待在校园里,对社会缺乏了解,更缺少创业经验,易把创业问题简单化、理想化,对创业过于自信,对困难估计不足,认为自己学历高、成绩好、获过

各种奖项，动手创业就能成功。还有一些大学生创业，科研能力和创新意识比较强，热衷于高科技项目，对技术的热爱胜过于对市场的研究，期待用技术的创新颠覆原有的商业。殊不知从领先的理念或技术到大规模投产是一个艰辛而漫长的过程，中间可能存在着巨大的变化。况且，科技是手段和方法，最终要解决的是消费者的需求。创业是创造新的价值，在没有能力以创新引领市场的时候，不妨尝试模仿和复制。偏重科技，迷信创新是创业路上的风险。

18.3.2　重视实践，忽视学习

创业是一个不断提高能力的过程，只有能力提高了，才能更好地应对创业风险。优秀的企业家并不是冒险家，他们从不随意冒险，更不会拿公司的前途做赌注，他们只是有能力抵御风险、善于控制风险。

例如，跳水、马术、击剑等运动项目。对于普通人来说，这些都是冒险行为，但是对于长期训练的运动员来说并不是。所以，抵御风险的能力是重要的变量。一个人能力越强，风险在他面前就会越小。

18.3.3　缺少调研，误判需求

很多创业者缺少必要的市场调研，导致对需求产生错误的判断，将消费升级简单理解为消费者需求高端产品。事实上，消费升级并不代表需求的产品越来越高大上，而是选择越来越多。

著名的管理学家普拉哈拉德认为，市场就像是一个金字塔，最显眼的就是塔尖的那一部分，但是体积最大的是底层。有些创业者盲目追求高端，而忽视金字塔低端的大众市场。同样，用户的需求也不是满足得越多越好，要抓住用户核心需求，舍弃可有可无的功能反而是更好的选择。因此，对需求的把握离不开充分的市场调研，脱离调研将会造成对需求的误判，从而加大创业的风险。

18.3.4　盲目跟风，缺少准备

创业要时刻保持冷静的头脑，不可盲目跟风。盲目跟风包括创业行动的跟风与创业项目的跟风。创业之初需要充分的准备，很多人被别人的创业故事所感动，仅凭激情创业，结果以失败告终。还有的人对于自己的项目缺乏了解和热爱，只会盲目跟风，缺乏自己产品应该具有的核心竞争力和理念，结果遭遇巨大的创业风险。与“盲目跟风”相对的是“盲目地不跟风”，也就是说“别人怎样做，我就偏不怎样做”，这也未必是正确的态度。

多数大学生没有进行前期市场调查和绩效分析，看到别人干什么自己也跟着模仿，缺乏针对自己特长及资源的调查分析。例如，加盟连锁经营型创业模式虽然可以直接享受知名品牌的影响，复制他人的成功经验，并能获得资源支持，但也

存在着虚假宣传、交纳高额加盟费等风险，大学生创业者一旦被天花乱坠的宣传语所迷惑，不进行实地考察和市场分析，盲目选择加盟连锁经营型创业模式，那么企业发展的风险就会增加。为避免创业路上的风险，创业者必须实事求是，一切从实际需求出发，提前做好各项准备，才可能做出更理智的抉择。

18.3.5　感情用事，缺乏理性

常言道，性格决定命运。创业者难免遇到很多委屈和压力，如果他的胸怀不够大，就会产生情绪上的波动，没有办法冷静处理事务，容易导致失败。而我们看到成功的企业家，情绪往往都是比较稳定的。创业者作为企业项目的推动者和决策者，性格与格局往往对企业的成败影响巨大。因此，创业者必须时刻保持理性，如果仅凭个人好恶感情用事，将不可避免地为企业带来风险。

有些大学生过分夸大创业困难，过高估计创业压力，过低估计自身价值，妄自菲薄，没有信心和勇气面对创业，根本不愿意动手尝试。另外，有的大学生由于没有经受过挫折的考验，心理承受能力和自我调节能力较差，创业受挫后易产生强烈的挫折感，不能正确认识自己的创业优势，甚至把自身的长处看成短处，在创业竞争中信心不足、自我设限，错失许多机会。

18.3.6　融资不利，资金匮乏

对于新创企业，资金缺乏是非常普遍的问题，如果创业者不能及时解决这个问题，非常容易造成创业夭折。资金风险对于企业来说往往是致命的。因此，快速、高效地筹措到资金是创业成功的重要因素。

大学生长期生活在校园里，没有资金来源，更无资金积累，社会关系简单，人际交往单一，筹措创业资金很难。并且刚出校门的大学生想轻松地从银行贷到资金也十分困难。企业创办起来后，缺少发展资金也会造成企业的现金流中断，不能支持企业的正常运作，使企业发展停滞不前，从而造成创业困境。

18.3.7　团队散漫，各行其是

一些大学生创业者虽然在技术上出类拔萃，但在理财、营销、沟通、管理方面的能力普遍不足。初创企业的成功经验之一，就是技术专家、管理专家、财务专家、营销专家的有机组合，形成团队的整体优势，从而为初创企业奠定坚实的组织基础。这种由技术所有者包揽一切、集众权于一身的家长式管理，往往由于管理者的管理水平、管理方式等方面的问题，导致创业夭折。

一个优秀的创业者，可以不具备精深的技术知识，但必须具备这样一些素质：具有强烈的创新精神与创业意识，不墨守成规、人云亦云；具有追求成功的强烈欲望，富于冒险精神、献身精神，有忍耐力；具有敏锐的机会意识和高超的决策水平，

善于发现机会、把握机会和利用机会;具有强烈的责任感和自信心。

课堂训练

加盟连锁的创业风险

郑州即将毕业的大学生小朱在创业过程中,就被“高回报”迷惑了。

2008年冬天,小朱按网上地址找到北京一家销售木纤维毛巾的加盟连锁公司,听了招商部经理对这种成本低、利润高且风险小的产品推介,她心动了,把从亲戚那里借来的钱全部换成毛巾,并取得了该公司在河南省的独家代理权。

头一个月,她兴冲冲地跑遍了周边所有学校,没卖出一条毛巾。然后她又去居民小区推销,效果还是不好。于是,她开始通过网络进行推销。哪知两个月过去后,仍没卖出一件产品。

调查发现,有小朱这样遭遇的大学生不在少数。不少高校毕业生选择了加盟连锁的创业方式。他们从电视和网络等媒体了解到加盟连锁项目的丰厚条件,比如,企业总部提供免费指导,不收取任何加盟费用,进货达到一定额度就能获得额外奖金,低风险甚至无风险等,于是,就开始创业了。小朱说,我们一无资金,二无经验,加盟连锁会让自己开店的风险降低很多,可结果却事与愿违。

评析:

一些所谓的加盟连锁企业深谙大学生的创业心理,鼓吹加盟连锁能快速致富,实则已为大学生们准备好了“连环套”:说品牌在国外已有十几年甚至几十年成功运营史,实际无法验证;说生产基地在某发达省市,可是路途遥远不便去看;说加盟利润很高,这只有加盟了才知道;说经营好了还会返奖金和装修费,前提是经营好,这基本没希望;说还有许多成功范例,带你去看其他加盟店,实际上不是真实的;更重要的是,说投资成本仅两三万元,还有优厚的换货条件,利用高回报低风险诱惑大学生。

思考并回答:

请列举三个大学生创业最常见的风险,并分析如何规避风险?

18.4 大学生创业风险管控对策

大学生创业虽存在诸多风险,但机遇和挑战并存,唯有冷静地分析风险,勇敢地面对挑战,大学生创业者才能防范风险,克服困难,走向创业成功。针对大学生创业过程中遇到的风险,可以从以下方面加以管控。

18.4.1 调整心态,做好创业准备

对自己充分了解,是大学生进行创业的前提。大学生创业时要对自己的个性特征、特长等有充分的了解,选择适合自己个性特征、符合个人兴趣爱好的项目进行创业,同时创业者要具有一专多能的知识结构,才能进行创造性思维,才可能做出正确的创业决策。大学生在创业前还要积累一些有关市场开拓、企业运营方面的经验,通过在企业打工或者实习,参加创业培训,接受专业指导,来积累创业知识,提高创业成功率。

大学生创业者还应当锻炼挫折承受能力,遇到挫折后应放下心理包袱,仔细寻找失败的原因。属于主观原因,要适当调整自己的动机、追求和行为,避免下次出现同样的错误;属于客观或社会因素中自己无能为力因素,也不要过于自责、自卑或固执,应坦然面对,争取新的机会。即使失败,也要振作起来,使自己始终保持昂扬的斗志和必胜的信心,直至创业成功。

18.4.2 谨慎挑选项目,增强项目的可靠性

进行创业的第一步就是选择合适的行业和项目,做这些工作时必须积极投身到市场中,获取第一手资料,最后做出最准确的判断和正确的选择,切忌盲目做决定,靠高昂的热情来创业。刚刚选择创业时,要了解市场和行业,确定自己的客户所在,考虑到所有可能给自己带来压力的对手,积极的筹备资金和资源, 为创业成功打下坚实的基础。按照以往的规律,第一次创业时最好进入自己最熟悉的领域和行业,按照自己的能力来决定发展的方向。

18.4.3 审时度势,量力而行

创业路途充满艰辛,绝不是一蹴而就的。因此,创业者应找到合适的切入点,选择合适的时机、合适的项目和合适的规模来进行。大学生创业者大多手中资金较少,创业经验不足,可以选择起点低、启动资金少的项目进行创业。另外,大学生创业要选择一种适合自己的企业法律形态。创业者选择个体工商户、合伙制企业的形态模式时,虽没有最低注册资本的要求,但创业者或投资人要对企业承担无限连带责任。

同时,有些人为的因素,可能会导致合伙人之间、股东之间因经营理念、利益

分割而产生矛盾，甚至因性格原因发生冲突，因此，创业者在选择这些企业法律形态时，也应注意选择志同道合、善于沟通、以企业利益为重的合作者，这是非常重要的。

18.4.4 不断创新，提升企业竞争力

当成功的建立公司时，为了提升竞争力就必须不断地进行创新。面对日益残酷的竞争，必须抛弃传统的观念，大胆地进行创新，保证自己产品的竞争力，才有可能成功。所以对于企业来讲，创新永远都是保持创业竞争力的不二法宝，坚定不移地走创新的路线，对企业来讲是非常重要的。

18.4.5 多渠道融资，降低创业资金风险

国家为大学生创业提供贴息贷款政策，还有各类创业基金的资金支持。目前，由中国社会福利教育基金会发起的中国大学生创业基金，由共青团中央委员会发起的中国青年创业就业基金会，由社会知名人士郑泽等人发起的中国大学生西部创业基金等，都可以帮助大学生解决部分创业资金短缺的问题。同时，学生参加创业大赛，既可以锻炼创业能力，又可能获得高额的创业资金，是一种很好的融资途径。大学生创业者还可以引入风险投资。风险投资者比较关注创业管理团队的构成、管理者的素质、创业者自身持续奋斗的精神等，有优秀的创业团队、独一无二的技术支撑、光明市场前景的创业项目，就有可能得到风险投资家的青睐，从而获得创业资金。

18.4.6 树立团队意识，实现合作共赢

创业除了自己成功，还要与别人一起成功。一个人的能力是有限的，创业一定要抛弃单打独斗、孤军奋战的个人英雄主义思想，牢固树立团队合作共赢的理念。大学生创业应建立一个由各方面专才组成的合作团队，大家既有共同的理想，又能有效地使技术创新与经济管理互补，保证团队形成最大合力，在市场竞争中取胜，推动企业发展，取得创业成功。

课堂训练

1. 假设你想在学校周边开一家年轻人的咖啡馆，从装修风格、咖啡甜点等服务方面设计出吸引年轻人的特色主题，你将面临哪些创业风险？

2. 你将做出哪些努力来规避这些风险？

【延伸阅读】——《疯传》《这，才叫商业模式：21 世纪创新竞争》《互联网+新零售》《互联网思维 3.0》《企业风险管理》

模块六　创业环境——创新创业成功的外因

导入语

创新创业是一种社会实践，是一种人生的态度，是一种对生命的认知和敬畏。创新创业精神，绵延数百年，本质是根植于本地区域文化特色、脱胎于中华民族传统优秀文化的文化内涵和价值观的呈现。

中国是一个有着 5 000 年的文明古国，由于地理环境、历史传承、社会制度、民俗习惯、经济发展等千差万别，不同的地域有着不同的地域文化，地域文化是中华民族的宝贵的精神财富。区域经济与产业发展为"大众创业，万众创新"赋予新的内涵，突出大学生创新创业与地域文化、产业发展有机融合，才能有效彰显"创新意识、社会责任、创业精神和文化自信"四个维度的育人功能，突出大学生在双循环新发展格局中具有地域特色的创新创业文化的内在驱动作用。

案例导入

黑龙江民族传统工艺久负盛名，海伦剪纸、方正剪纸、大庆萨满剪纸，绥棱黑陶、勃利黑陶、牛角技艺、麦秸技艺、兰西挂钱已列入黑龙江省政府非物质文化遗产项目。天然蛋壳镂空雕刻技术正式获国家颁发的"发明专利证书"。已获国家发明专利的山核桃工艺的工艺花瓶"紫荆回归""白莲归春"被黑龙江省委、省政府选定为迎香港、澳门回归的珍贵礼品代表全省人民馈赠给两个特别行政区政府。

请思考：

你所了解的具有龙江特色的文化产品有哪些？

▶单元 19

创新创业在龙江

19.1 黑龙江省自然概况

黑龙江省形似一只飞翔的天鹅，土地总面积47.3万平方公里，占全国土地总面积的4.9%。农用地面积3 958.3万公顷，占全省土地总面积的83.69%。

黑龙江省土地条件居全国之首，总耕地面积和可开发的土地后备资源均占全国十分之一以上，人均耕地和农民人均经营耕地约是全国平均水平的3倍。土壤有机质含量高于全国其他地区，黑土、黑钙土和草甸土等占耕地的60%以上，是世界著名的三大黑土带之一。黑龙江省盛产大豆、水稻、玉米、小麦、马铃薯等粮食作物以及甜菜、亚麻、烤烟等经济作物。黑龙江草质优良、营养价值高，适于发展畜牧业。矿产资源丰富，煤炭储量居东北三省第一位。森林面积、森林总蓄积和木材产量均居全国前列，是国家最重要的国有林区和最大的木材生产基地。黑龙江林业生态地位十分重要。同时，黑龙江省也是国家重要的能源工业基地。湿地资源、水资源、旅游资源、动植物资源也极其丰富。

黑龙江省地域辽阔，四季分明，文化厚重，物产丰富。旅游资源特色鲜明。世界旅游组织专家把黑龙江旅游形象定位为：黑龙江——中国旅游COOL(酷)省。这是对黑龙江凉爽怡人的气候，独特神奇的生态旅游资源，时尚浪漫的旅游产品和独具地域民族特色的人文景观的高度概括。具体解读为："黑龙江——春季活力世界，夏季清凉世界，秋季多彩世界，冬季冰雪世界"。

——冰雪旅游资源得天独厚。降雪期达4个多月，坡向、坡度适宜，海拔1 000米左右的可建大中型滑雪场的资源点近100处，冰雕、雪塑、冬钓资源也十分丰富。

——森林旅游资源十分丰富。境内有大小兴安岭、张广才岭和完达山脉等林区，森林覆盖率达42.9%，居全国第一，可开发系列森林旅游产品。

——江河湖泊网络四布。境内有黑龙江、松花江、乌苏里江、嫩江、牡丹江、兴凯湖、镜泊湖、五大连池、连环湖、扎龙、莲花湖等，极具开发价值。

——湿地类型多、面积大。三江平原湿地达200万公顷,松嫩平原湿地达123万公顷,目前保护完整的湿地原始点落超过20万公顷的有迎春湿地和扎龙湿地,超过10万公顷的有兴凯湖和镜泊湖湿地。湿地最具生态原始品质和生物多样性。

——西部和东部草原辽阔。草种1 000多种,分布于松嫩平原、三江平原和几大山系与平原交会处,具有放牧、观光价值。

——农业观光旅游资源富集。全省耕地辽阔、畜牧业较为发达,有洪河农场等现代化大农场,农业旅游发展潜力巨大。

——野生动植物区系繁多。动物中,陆栖脊椎动物482种、两栖类13种、水栖类22科近百种。共有高等植物183科737属2 400多种,植被类型多样,是难得的旅游资源。

——民族文化风情浓郁。黑龙江为满族世居之地,还有赫哲、鄂伦春、达斡尔等北方少数民族,构成具有民族特色的旅游资源。

——对俄边境旅游拥有优势。全省沿边共有35个市、县对俄开放,有20多个对俄开放一类客货口岸。

——城市观光富有特色。哈尔滨的欧亚大陆风情、大庆石油文化、伊春林都风貌和黑河、绥芬河等边境旅游城市等颇具魅力。加之我省是粮、木、油、煤、畜牧等生产基地和重工、军工地区,与国内其他省(区)、市对比鲜明,形成独特旅游资源和产品差异。

19.2 黑龙江的地域文化

黑龙江地域文化,以丰腴的黑土而著称,也称为黑土地域文化。黑龙江地域文化是东北地域文化——关东文化的重要组成部分,是具有独特文化精神与鲜明文化风格的地域亚文化。黑龙江文化的指称:第一种为“黑水文化”。满族人的先民,黑龙江地域的肃慎族的后裔,隋唐称靺鞨。靺鞨有许多部族,黑水、白山是其中两个部族。黑龙江省将其地域文化定名为黑水文化。第二种为“寒地文化”。寒地的生态和自然环境为寒地文化的形成提供了物质基础。而寒地文化除了物质方面外,还包括历史和文化传统、社会和经济因素及所处环境间的交互影响。显然“寒地文化”也从一个侧面反映了黑龙江地域文化的特点。

19.2.1 黑龙江地域文化的包容性和开放性

因为黑龙江的地理环境等因素,历史上多样性、过渡性、中介性、融合性等,形成了黑龙江地域文化海纳百川的宽阔胸襟。黑龙江的人口长期以来处于迁移、流动之中，满人入主中原后，大量人口迁入关内。开禁放荒之后，内地移民大批涌入黑龙江省。随着中东铁路的修建，迁入黑龙江的俄国侨民日益增多。国内外的移民的迁入使各地的区域文化，各国、各民族的文化汇聚于黑龙江省，黑龙江文化对这些文化广收博采，丰富了自己，对外来文化的容纳，排他性较弱，以开放的心态对待其他国家和地区的事物，没有狭隘的地域观念，对本地人和外地人一视同仁。

黑龙江地域文化具有包容性和开放性。黑龙江地域文化在其发展过程中逐步形成了自己的鲜明特征概括起来主要表现在以下五个方面：一是文化气质上的雄健性；二是兼收并蓄的容纳性；三是交流互动的高频率性；四是远离传统文化中心的边缘性；五是文化积淀的浅表性。这些特征与中原地域文化、江南地域文化的特征炯然相异。

19.2.2 黑土地域文化的边缘性

黑土地域文化是中华文化的组成部分。中华传统文化中心是中原地带，黑土地域文化处于中国传统文化中心的边缘。传统的儒学的影响相对薄弱。由于特殊的历史、地理环境，形成了黑龙江地域文化不同于中原文化的特征，是一种多元一体的边缘文化，对外来的中原文化和周边文化的进入采用宽容与吸纳等灵活姿态。这种交融的结果，就形成了多元一体，既开放又封闭的边缘性文化。

黑龙江这片黑色沃土哺育出来的北方少数民族具有相似的民族性格和民族精神，与生活在南方温和湿润的气候和环境中的人不同，北方的少数民族长期生活在荒凉、冷僻、凄苦的气候和环境之下，因此，这里的人民都是勇敢粗犷，朴实耐劳，勇于开拓的。也正因如此，北方民族才会努力拼搏的改造自己所居住的自然环境，踏实的创造着自己的未来。北方民族是尚武、彪悍、坚强、耐劳朴素的，这便是北方民族世代相传的优秀品质，也是北方民族维持民族发展的根系。

19.2.3 黑龙江地域文化的兼容性

从文化发展看，黑龙江是一个移民地区和开放地带，在历史上同内地始终保持着紧密频繁的经济、文化交流，深受中原文化的影响。不断迁移到黑龙江地区的内地居民，虽以汉族为主体，但也包括许多少数民族在内，也包括被朝廷发配到黑龙江的“流人”。大量外来移民不仅改变了黑龙江的人口结构，也带来了新的文化要素，不断塑造出新的黑龙江文化面貌。

历史上黑龙江流域的黑土先民们不甘于边隅，勇于南下开拓，形成了纵横驰骋、主动开拓精神。这些先民以渔猎、游牧为业，以鞍马为家，娴于骑射，造就出无畏、不屈的地域性格，充满着进取、奔放的活力。黑土地域文化艺术，包括戏剧、音乐、歌曲等也秉承先人的遗风，传播着黑土地域特有的文化精神。冰雕艺术自20世纪60年代初在哈尔滨发展起来，至今已产生广泛影响。哈尔滨的国际冰雪节和冰雪大世界已经成为黑龙江省冰雪旅游的网红标志。

19.3 创新创业文化基因传承与发展

创新创业文化在我省具有悠久渊源和光荣传统,黑龙江的经济社会发展史实际上就是一部创新创业史。晚清至民国延续几十年的“闯关东”,让上百万勤劳勇敢的“关内”移民在广袤龙江大地白手起家、拓荒耕耘,展现出“敢闯敢干、敢作敢为”的冒险精神,以及吃苦耐劳、自强不息的宝贵创业精神。“大庆精神”“铁人精神”“北大荒精神”等为代表的“爱国奋斗、艰苦创业、求真务实、开拓进取、顾全大局、无私奉献”的黑龙江优秀精神,集中体现了黑龙江地域文化的精神内涵,展示了黑龙江人民富有生命力的优秀思想、高尚品格,是中华民族精神的重要组成部分。成为激励几代龙江儿女艰苦创业、奋力拼搏、勇于创造的不竭动力源泉。还有当年黑龙江省“大煤矿”“大森林”以及全国重要工业基地的辉煌,无不书写着龙江儿女不甘落后、艰苦创业的豪迈传奇,共同构成了龙江创新创业文化的基本框架和主要文化特质。

课堂训练

思考并回答:

1. 列举你家乡地域文化特色或文化活动有哪些?
2. 讨论“龙江精神”形成的原因。

单元 20 黑龙江省产业发展

20.1 基本概况

20.1.1 优势产业

黑龙江省拥有扎实的科教实力，拥有高校、独立科研院所、重点实验室、两院院士的数量在国家具有优势地位，科技综合实力全国排名16位，科技产出指标全国排第12位，这些能够为投资、创新创业提供强有力的智力支撑。黑龙江省原生态资源丰富，大森林、大湿地、大湖泊、大界江、大冰雪，构成了色彩斑斓的原生态画卷，形成了中国重要的天然生态屏障。哈尔滨冰雪大世界、雪博会、中国雪乡等景区吸引着中外游客的目光。黑龙江省拥有一重集团、哈电集团、哈飞集团、东轻集团等一批“国之重器”企业。黑龙江是中国重要的航空复合材料零部件生产基地，也是我国最早研发机器人的省份之一，参与组建了“国家机器人创新中心”。黑龙江拥有肥沃辽阔的松嫩平原和三江平原，耕地面积居全国首位。寒地黑土和绿色有机成为我们最具优势和特色的农业名片，绿色有机食品认证数量、种植面积和产量居全国第一位。黑龙江省正在建设中国粮食和绿色有机食品生产基地，努力把食品和农副产品精深加工打造成黑龙江振兴发展的第一支柱产业。黑龙江省对俄合作优势明显，黑河公路大桥、同江铁路大桥、绥芬河公铁口岸以及正在筹备建设的东宁公路大桥等基础设施互联互通能力不断增强。中国(黑龙江)自由贸易试验区经国务院正式批复，强力助推构建全方位对外开放新格局。

20.1.2 产业优化升级

为促进工业结构优化升级，黑龙江省重点发展了新材料产业、生物产业、新能源装备制造产业、新型农机装备制造产业、交通运输装备制造产业、绿色食品产业、矿产钢铁产业、煤化石化产业、林产品加工产业和现代服务业。以哈大齐工业走廊、东部煤电产业带和各类工业园区为载体，通过技术改造、招商引资、改善环境，全力推进工业项目建设，打造传统产业新高地，抢占战略性新兴产业制高点。力争使战略性新兴产业成为引领和支撑全省经济发展的新的支柱产业和推动经济社会发展的主导力量。

全省63个县(市)都基本培育形成了具有本地特色的重点产业，肇东和五常的绿色食品、安达化工、依安陶瓷、萝北石墨、肇源皮革、青冈汉麻、漠河生态旅游等一批特色产业已初步形成规模，全省县域产业正在向特色化、差异化方向发展。

课堂训练

思考并回答：

1. 你的家乡在哪个地区？
2. 家乡有哪些优势产业？

20.2 文化旅游产业

在旅游营销推广方面，持续塑造“北国好风光，尽在黑龙江”的旅游总品牌；黑龙江省文化和旅游厅举办多场旅游推介会覆盖国内外重点客源城市，依托“三微一抖”平台、“直播龙江”系列活动等实时向广大网友推送旅游动态；围绕“周末游龙江”活动，策划一批推动龙江人游龙江的产品和线路，带动省内旅游消费。

13. 黑龙江文化旅游产品

黑龙江省各民族艺人在继承传统技艺基础上，不断吸纳中原地区工艺美术的加工技艺，结合自己的风俗习惯和审美情趣，生产出各种精美的手工艺品，涵盖了工艺雕刻、工艺陶瓷、织绣和抽纱、工艺印染、漆艺等工艺品。具有代表性的“松江编结绣”“木雕重彩雕刻”“泥塑”等具有龙江特色的传统手工艺品。其中，以赫哲鱼皮手工艺为我省传统手工艺代表作已列入国家非物质文化遗产保护范围名录，还有望奎皮影也被列为国家非物质文化遗产。

20.3 县域经济发展

按照“企业集聚、项目集中、产业集群、用地集约”的原则，围绕特色产业集聚发展，建设专业化、特色化园区。全省各县(市)多渠道筹措资金，加大园区建设投入，不断提升配套服务能力，并围绕具有本地特色的绿色食品、农畜产品、山林产品、特色矿产加工和对俄进出口加工等领域，做大做强已有龙头企业，积极引进新的战略投资者。

绥芬河市在支柱产业木业的发展方面获得国家科技富民强县行动计划项目支持，组织实施木业加工循环技术示范工程，扶持示范企业应用循环技术开发新产品，提高了资源利用率。同时，通过木业规模发展还带动了食用菌、有机肥等木业共生产业的发展。

中国一重集团和上海电气风电集团将在风场项目投标、风电装备制造、开发国际市场、风电人才培养等方面开展深入合作。除此项目外，齐齐哈尔市政府与两个企业还将共同推动集装备制造、节能减排、金融服务创新等新能源开发全产业链建设，形成具有明显优势特色的现代能源经济产业集群。

20.4　农林绿色食品产业

黑龙江省作为农业大省，绿色食品产业方面有巨大的优势和潜力。特别是在当前消费市场的有力拉动下，绿色食品产业蓬勃发展，现已成为全省成长性最好的支柱产业。

加快现代农业绿色发展，是从供给侧推动农业结构改革、提高现代农业发展质量和效益的必要举措。围绕水稻、养殖、园艺三大主导产业，发展种子研发、园艺栽培、稻鸭养殖、屠宰加工、运输配送、电子商务、农机服务等产业，实现“土地到餐桌”全过程产业链条，初步探索出一条开发绿色有机食品、促进优质高效农业发展和农民增收的新路。粮食作物方面，重点建设优质水稻、杂粮杂豆、高油大豆等基地；山特产品方面，重点建设食用菌、蓝莓、浆果等基地；畜产品方面，重点建设生猪、肉牛、肉鹅和淡水产品基地。大力推广“鸭稻”“蟹稻”“鱼稻”“鹅玉米”“森林猪”等绿色产品，依托“欧盟有机基地、会员私家定制、产品保鲜加工、基地直供餐桌”带动提升一批高端绿色农产品。

依托绿色食品标准化基地，引导龙头企业向绿色标准化基地集中，开展主副食加工，加快形成“中央厨房+绿色基地+餐饮门店”的示范企业，促进绿色食品加工转化，发展订单、会员制农业，将有机技术标准融入绿色食品种植、加工、监管等各个环节；注入文化要素，利用多媒体技术和体验式活动展示黑龙江农耕文化，让消费者变成产品的宣传者和文化的传承者。

【课堂延伸】——课余时间观看电影或电视剧《闯关东》《林海雪原》《赵尚志》《黑土》《暴风骤雨》等，在线收集黑龙江风土人情或家乡改革短视频或图片，制作反映黑龙江区域特色的电子相册，体会龙江创业精神。

14. 黑龙江省人民政府关于促进大学生创新创业的若干意见

15. 黑龙江省关于支持高校毕业生自主创新创业的措施

模块七　创业计划——创新创业成功的方案

导入语

当一个好的创业想法成熟后，我们就可以通过创业计划书系统全面地向投资者及其他相关人员展示项目目前状况以及未来发展潜力，相信很多同学会有一个疑虑，如何能够写出一份优质的创业计划书呢？本章我们将着重学习创业计划书的编制要素，高效撰写创业计划书的书写技巧，并且将几份创业大赛获奖项目的创业计划书呈现给同学们，希望能为同学们在撰写优质创业计划书方面提供有益的借鉴。

单元 21 创业计划书及其编制

21.1 创业计划书及其作用

21.1.1 创业计划书的概念

创业计划书是项目组为了达到项目发展以及对外融资的目的，依据一定的文本格式，通过挖掘用户需求痛点，对项目开展市场调研，并在搜集、分析相关资料的基础上，以规范的内容向投资者及其他相关人员详细介绍项目目前情况以及预期发展状况的书面材料。简言之，创业计划书是创新创业项目的执行方案和行动纲领。

21.1.2 创业计划书的作用

1. 梳理创新创业思路

拥有一份完整的创业计划书，创业者怎样开展创新创业，各阶段的工作安排，资源从何而来，目标市场在哪里，竞争对手有哪些，如何规避和防范风险等内容就十分清晰了。有了这份创新创业思路，就可以为项目提供有益的行动指南，以此降低出现失误的风险。

2. 展现项目的全貌

阅读了创业计划书以后，投资者及相关人员对创新创业项目是否具有可行性，是否具有市场发展潜力，是否值得投资，项目的预期风险是什么等相关问题就可以做出判断。投资者及其他相关人员看了创业计划书以后，就能够判断出项目发展前景如何，以此决定是否对该项目进行投资或予以肯定。

3. 阐明企业的发展战略

创业计划书对未来若干年(一般 3 ~ 5 年)创新创业的发展方向、融资渠道及融入的资金如何支配等内容进行了规划，明确了项目的发展战略。

4. 经营理念得到修正和完善

创业计划书在项目经营理念中有具体的反映，如果投资者或其他相关人员对经营理念感到不理想，就会对创业者提出修正和完善意见，确保此经营理念能够保障创新创业项目的有序运行。

课堂训练

某高校的5名大学生想在学校附近开办一家火锅店，由于缺少启动资金，于是他们想到找投资者融资，并对在学校附近开办火锅店的发展前景、经营战略、餐厅风格定位及自己团队的组合优势进行了一番陈述，然而并没有引起投资者的兴趣。

此时，另外一个大学生创业团队也对开火锅店感兴趣，与之前的创业团队不同，他们首先对学校周边的餐馆进行了一番详细的市场调查，包括餐馆的目标人群、消费者就餐环境喜好、菜品价格定位，以及会员制服务的可行性等。然后，他们对经营火锅店的利弊进行了分析，最后还对团队中每一名成员的学历情况、社会实践经验进行了介绍。但依然没有得到投资者的认可。投资者认为，开办火锅店过于普遍没有任何特色，投资回报率不高。此外，团队负责人忽略了最重要的一点，这个团队没有突出火锅店的营销特色，也就无法在众多餐馆中脱颖而出。

与此同时，还有一个团队也看中了火锅店这个创业项目，这支团队既没有贸然去找投资者，也没有花费大量时间进行市场调研，而是着手编写了详细的创业计划书，明确地表述了市场痛点分析、经营特色及营销渠道的执行方式，并且特别强调了团队组合在未来经营中的优势。这些表述使投资者清晰地了解整个项目的全貌，并且看到未来的市场预期，最终该创业团队取得了投资者的支持，开启了成功创业之路。

制作一份好的创业计划书对创业项目的初期是非常重要的，它不仅能帮助创业者理清项目的发展思路，更重要的是能够帮助创业者争取到投资，为创业成功打下坚实的基础。

思考并回答：

1. 通过阅读材料你认为创业计划书应该包含哪些内容？
2. 请分析三个团队各自的优势是什么？

21.2 创业计划书编制原则

创业计划书中要展现出项目的竞争优势及投资者可以获得的预期利益,同时要切实可行,并提供较多的客观数据来加以佐证。编写过程中创业者应把握以下五项原则。

21.2.1 客观真实原则

创业者通过搜集和挖掘大量的相关信息,对这些信息进行筛选和综合整理,并对整理后的信息进行细致分析,尤其是财务分析部分要尽量客观、真实,切忌凭自己的主观想法进行随意编纂,这样才能写出一份优质的创业计划书。

21.2.2 简洁明了原则

创业计划书内容要简洁明了,不要出现与主题无关的内容,应直奔主题、言简意赅。阅读者不会花过多的时间来了解一些与项目无关的内容,因此,开门见山、观点明确的创业计划书更能够吸引阅读者进一步了解。

21.2.3 内容完整原则

一份完整的创业计划书一般应该包括封面、执行摘要、企业基本情况、项目(产品/服务)介绍、市场预测与分析、生产/服务管理、营销策略、团队组织管理、财务规划,以及风险与风险管理等内容。创业者应尽量完善以上内容,以此呈现出一份完整的项目发展规划。

21.2.4 展示优势原则

创业者编写创业计划书的主要目的是为投资者或其他相关人员提供决策依据,借以得到融资或是对项目的肯定。因此,创业计划书中应尽可能地呈现出项目独特的市场优势以及预期的利润,以此增加投资者及其他相关人员对项目的关注度。当然,在展现优势的同时,创业者不能忽视投资过程中可能存在的不确定性,不能一味地强调投资的优势和机遇而忽略潜在的不足与风险。

21.2.5 前后一致原则

创业计划书要内容完整,相互呼应,前后一致,如文中提及的一些重要材料要如实提供相应的佐证资料,以此增加内容的真实性,使创业计划书具有较强的逻辑性。

21.3 创业计划书编制要素

创业计划书的质量往往会直接影响创业者能否找到优质的项目合作伙伴、获得投资及其他政策的支持,下面将逐一进行具体介绍。

21.3.1 执行摘要

执行摘要顾名思义,是对创业计划书的总体概括,它是创业计划书的核心,浓缩了创业项目的精髓,反映了整个项目的全貌。因此,创业者在撰写执行摘要时要反复推敲,并涵盖整个计划的要点,以便在短时间内给投资者留下深刻印象。执行摘要主要包括项目概述、项目简介、项目所处的行业、研究理论、技术路线,以及项目规划。

摘要的撰写要尽量简洁、生动。在介绍项目时,首先要说明创办此项目的思想灵感及经营战略。其次,要交代项目的生命周期是处于萌芽、成长、成熟还是衰退阶段。在这一部分中,要对项目以往的情况做客观的评述,不回避失误。最后,如果有必要还要介绍一下创业者的成长背景、社会经历、特长等,创业者的素质对创业项目的成功往往起关键性的作用。

21.3.2 项目基本介绍

项目基本介绍主要是对创业团队拟成立项目总体情况的说明,明确阐述创业背景、企业发展的立足点,以及企业理念、经营思路和企业的战略目标等。如果创业者已经注册公司,需要对公司的基本情况进行介绍,具体包括公司概述(公司名称、地址、联系方法等)、公司的主营业务情况、公司的发展历史、对公司未来发展的预测、公司与众不同的竞争优势或独特性、公司的类别与隶属关系(如是合伙公司还是股份公司)、公司的保险情况、公司的知识产权情况、公司的法律诉讼情况,以及公司的纳税情况等。

21.3.3 项目介绍

在进行投资项目评估时,投资人非常关心项目是否具有新颖性、先进性、独特性及能在多大程度上解决现实生活中的问题,或者项目能否帮助顾客节约开支、增加收入。因此,项目介绍是创业计划书中必不可少的一项内容。

在通常情况下,项目介绍应包括产品(服务)的名称、产品(服务)的性能及特性、产品(服务)的生命周期、使用企业的产品(服务)的人群、产品(服务)的市场竞争力、产品(服务)的研究和开发过程、发展新产品(服务)的计划和成本分析、产品(服务)的市场前景预测,以及产品(服务)的品牌和专利。

在项目介绍部分,创业者要对产品(服务)做出详细的说明,说明要准确,也要通俗易懂,使非专业的投资者也能理解。在通常情况下,产品(服务)介绍需要附上产品(服务)原型、照片或其他介绍。

项目介绍的内容比较具体,因而写起来相对容易。虽然夸赞自己的产品是推销所必需的,但要牢记,创业者和投资者所建立的是一种长期合作的伙伴关系。如果不能兑现承诺,项目的信誉必然要受到损害,因而创业者在此要足够重视。创业者在撰写介绍时要避免陷入一些误区,例如,苛求细节,过于细致地展现产品(服务)介绍;追求大而全,目标太多,反而让项目失去焦点;只表述想法和创意,没有明确介绍实施过程。

21.3.4　市场分析与预测

当要开发一种新产品或向新的市场扩展时,首先就要进行市场分析与预测。如果市场分析与预测的结果并不乐观,或者可信度让人怀疑,那么投资者就要承担更大的风险。这对多数风险投资者来说,是不可接受的。通常情况下应包括以下三个方面的内容。

1. 市场细分和目标市场的选择

在商业计划书中行业分析的基础上,找到企业具体的目标市场,它可以是一个细分市场,也可以是两个或者多个细分市场,在撰写创业计划书时,要对每个细分市场都进行详细的分析和说明。

2. 购买者行为分析

只有对目标市场的消费者进行深入了解后,企业提供的产品(服务)才能满足他们的实际需求,通常采用调查问卷的形式进行分析。

3. 竞争对手分析

对竞争对手进行详细分析可以了解竞争对手所处的位置,分析竞争对手所采用的销售策略及其销售优势,使企业能更好地把握市场机会。

21.3.5　生产、服务管理

这部分主要阐述项目如何解决产品生产与研发的相关问题,因此,在寻求资金的过程中,为了增大项目在投资前的评估价值,创业者应尽量使生产、服务管理计划更加详细、可靠。一般说来,生产、服务管理要解决以下五个问题。

(1)企业生产制作所需的厂房设备和设备的引进与安装问题。

(2)新产品的设计和研发、攻克新工艺以及投产前的准备。

(3)物料需求并保证供应。

(4)产品质量控制、单位成本计划和降低成本计划等。

(5)生产人员数量、平均工资水平、奖励制度及奖金等。

21.3.6 营销策略

营销是项目经营过程中最有挑战性的环节并且具有非常重要的作用,影响营销策略的主要因素有:消费者的特点、产品的特性、项目自身的状况,以及市场环境方面的因素。最终影响营销策略的则是营销成本和营销效益。

在创业计划书中,营销策略应包括以下四个内容。

1. 总体营销策略

简单介绍企业为销售其产品或服务所采用的总体方法。

2. 销售策略和营销渠道的选择

销售策略和营销渠道主要说明企业的产品或服务如何从生产者处到达消费者手中,具体分为通过中间商和发展自己的销售网络两种营销渠道。

3. 促销策略

促销策略即企业打算采用什么方式来促销产品或服务。一般来说,促销方式有广告、人员推销、公共关系以及营业推广四种。在实际经营中,以上四种促销方式都是结合使用的。

4. 价格决策

价格决策是营销策略中一个非常关键的组成部分。企业定价的目的是促进销售、获取利润,这就要求企业既要考虑成本,又要考虑消费者对价格的承受能力。定价策略的类型有六种,包括折扣定价策略、心理定价策略、差别定价策略、地区定价策略、组合定价策略和新产品定价策略。

21.3.7 团队组织管理

团队组织管理直接决定了经营风险的大小。高素质的团队成员和良好的组织结构是管理好项目、经营好企业的重要保证,因此,投资者会特别注重对团队的评估。

项目的团队成员应该是互补型的,而且要具有开创精神。一个项目必须拥有负责产品设计与开发、市场营销、客户服务管理、财务管理等方面的专门人才。在创业计划书中,必须对主要管理人员加以阐明,介绍他们所具有的能力、他们在团队中的职务和责任、他们过去的详细经历及背景。此外,在这部分创业计划书中,还应对团队进行简要介绍,具体包括组织机构图、各部门的功能与责任、各部门的负责人及主要成员,以及报酬体系。如果已经注册公司,要将公司的股东名单,包括认股权、比例和特权，公司的董事会成员，各位董事的背景资料逐一列出来。

21.3.8 财务规划

财务规划可以使投资者据此来判断企业未来经营的财务状况，进而判断其投资能否获得理想的回报。企业需要花费较多的精力来做具体分析，其中就包括现金流量表、资产负债表及损益表。

现金流量表是反映企业在一定会计期间（如月度、季度、年度）内，现金和现金等价物流入流出的报表。现金流量表能够反应一定时期内企业经营活动、投资活动和筹资活动对其现金及现金等价物所产生的影响，能够为企业提供在特定期间内现金收入和支出的信息，以及为企业提供该期间内有关投资活动和理财活动的信息。

资产负债表是反映企业在某一特定日期（如月末、季末、年末）全部资产、负债和所有者权益情况的会计报表，是企业经营活动的静态体现。它表明企业在某一特定日期所拥有或控制的经济资源、所承担的现有义务和所有者对净资产的要求权。

损益表是反映企业在一定时期内（如月度、年度）经营成果（利润或亏损）的报表，属动态报表。利用损益表，可以评价一个企业的经营成果和投资效率，分析企业的盈利能力及未来一定时期的盈利趋势。

21.3.9 风险分析

在创业计划书中，风险分析主要是创业者向投资者分析项目可能面临的各种风险隐患，同时还应说明将采取何种措施抵御或降低风险。对于投资中存在的风险创业者不要回避，而应实事求是如实阐述，也就是说，创业者对于项目风险描述得越详细越清晰，投资者越容易对项目产生兴趣。

企业面临的风险主要有战略风险、市场风险、管理风险、竞争风险、核心竞争力缺乏风险及法律法规风险等。风险的大小以及融资者将采取何种措施来降低或防范风险、增加收益等都需要在计划书中逐一明确，具体可以从以下方面展开。

（1）项目自身各方面的限制，如资源限制、管理经验的限制和生产条件的限制等。

（2）创业者在技术上、经验上、管理能力上的欠缺。

（3）销售市场的不确定性。

（4）生产过程的不确定性。

（5）产品研发的不确定性。

（6）债务清偿能力。

（7）对项目核心人物的依赖。

(8)财务收支的不确定性。

(9)其他可能存在的风险。

21.3.10 附录

如果在创业计划书中涉及一些证件资料对项目有辅助支撑作用,就可以将有关资料的复印件以附录的形式呈现在创业计划书的后面,或者只需列出备查资料清单,待资金供给方有投资意向时查询。涉及的资料有营业执照、公司章程、验资审计报告、资信证明、法人代码证书、税务登记证、主要经营人员的个人简历、财务报表、财产估价证书和租约细节、专利证书和鉴定报告、市场调查资料、行业专家的报告、按顾客分类的销售资料、产品成本资料、高新技术企业、高新技术项目证书和其他表明企业特点的资料。

21.4 创业计划书与商业计划书的区别及商业计划书与可行性研究报告的区别

21.4.1 创业计划书与商业计划书的区别

创业计划书和商业计划书在性质、用途、描述内容、阅读对象方面都有所不同。

从性质上来说,创业计划书是创业者获得投资机构认可的敲门砖,是创业者计划项目的书面说明,一份优秀的创业计划书能让创业者的创业之路事半功倍;商业计划书是企业负责人为了达到招商融资的发展目标,根据特定的格式和内容要求整理撰写的一份全面展示项目现状、未来发展规划和预期的书面材料。

从用途上来说,创业计划书是创业者或者创业团队为了理清创业思路而梳理的框架性文件,主要用于内部讨论及初期行动大致计划和步骤指引;商业计划书是对企业或项目的运营现状及商业计划进行系统性的描述和分析,主要用途是对外融资或合作。

从阅读对象来说,创业计划书第一阅读对象是创业团队相关人员;商业计划书第一阅读对象是潜在股权融资投资者或债权融资出资人。详尽的"策划级"商业计划书能够达到三个目的:有效说服潜在投资者、厘清项目运营路线图和发展步骤并作为管理团队的纲领性文件、作为与外部合作对象洽谈合作的基础文件和依据。

从描述内容来说,创业计划书重点是描述创业项目是什么?准备怎么做?以及相关的工作和资源安排说明;商业计划书重点是商业运营计划,包括企业或项目的商业基础（做什么产品或服务、目前状态和已经构建的业务基础）、商业模式（通过什么样的方式运营赢利）、商业计划（未来 N 年准备怎么做、怎么赚钱、步骤和数据）和商业分析（项目的基础分析、优势亮点、回报分析、团队达成该等计划的可行性依据等等）。

商业计划书的具体内容和详细程度视用途、对象和企业的相关因素有所不同。出色的商业计划书是企业（项目）超值融资的敲门砖。超值融资是指在融资的过程中实现企业价值最大化，并为企业快速健康发展铺好道路的行为。

21.4.2 商业计划书与可行性研究报告的区别

商业计划书是指为一个商业发展计划而做的书面文件。一般商业计划书都是以投资人或相关利益载体为目标阅读者，从而说服他们进行投资或合作。商业计划书目的很简单，它就是创业者手中的武器，是提供给投资者和一切对创业者的项目感兴趣的人，向他们展现创业的潜力和价值，说服他们对项目进行投资和支持。

可行性研究报告是从事一种经济活动之前，双方要从经济、技术、生产、供销直到社会各种环境、法律等各种因素进行具体调查、研究、分析，确定有利和不利的因素，项目是否可行，预估成功率大小、经济效益和社会效果程度，作为决策者和主管机关审批的上报文件。两者具体区别如下。

1. 两者编制的时间不同

可行性研究报告是在决策前进行分析论证项目是否可行提供分析研究和论证，这时并不知道项目是否可行。经过可行性研究确认可行时可能决定实施，也可能否决该项目。商业计划书是项目已经确定，对项目实施进行计划安排而要求提供的书面文件。按时间来说，可行性研究报告在前，商业计划书在后，可行性研究报告是商业计划书的基础和前提。

2. 两者的目的不同

可行性研究报告论证的是对本项目实施的可能性、真实有效性、技术方案等进行具体、全方面、细致的论证和经济评价，最后确定一个项目在技术上合理、经济上划算、实施上可行的最优方案和最佳时机。商业计划是为了筹措资金而制定的说服投资者向企业投资的介绍资料。

3. 两者的侧重点不同

可行性研究报告主要侧重于项目本身技术方面的分析，同时也针对项目实施所带来的经济效益进行评估，但可行性研究报告一般并不涉及项目实施中管理因素、人为因素和对投资人在利益方面的回报以及回报的方式等方面的内容。商业计划书不仅要在技术方面和产业化的模式方面进行详细说明，而且更要在管理团队、经营战略、投资者回报的方式和投资者如何参与未来项目经营监管等方面进行详细说明。商业计划书对项目的研究比项目可行性研究报告更加全面、多视角。换句话讲,商业计划书是一份内容全面的项目计划书,它从企业内部的人员、制度、管理以及企业的产品、营销、市场等各个方面对即将展开的商业项目进行可行性分析,即可行性研究报告着重于体现项目建设期内所涉及的各项目要素环节设计,而商业计划书着重于体现项目建成后经营期内所涉及的各经营要素环节设计。

21.5 创业计划书的编制

21.5.1 创业计划书的编写程序

1. 前期准备阶段

由于编写创业计划书涉及的内容较多,所以在开始编写创业计划书之前必须做好相应的工作,进行周密的准备工作。主要的准备工作如下。

(1)确定编写创业计划书所要达到的目的。

(2)成立创业计划书编写小组,明确人员分工。

(3)制定创业计划书编写计划和日程安排。

(4)形成创业计划书的总体框架。

2. 收集资料阶段

依照总体框架,针对创业计划书所要达到的目的,收集与创业计划书相关的各类资料,包括项目所在行业的发展趋势、产品市场信息、实验测试资料、同类竞争对手信息、项目组织机构状况、同类行业财务报表等。获取资料信息可以通过实地考察与收集现有二手资料两种方法,但两者方式各有利弊,创业者可根据实际需要灵活采用。实地调查可以得到项目所需的第一手真实资料,但耗费的时间和费用较大。收集现有二手资料较为容易,但资料的真实性和可靠性较差。

3. 编写阶段

创业计划书编写阶段,首先需要拟定项目执行纲要,主要是对项目内容进行简要概括;其次要草拟项目计划各部分内容,依据项目执行纲要,对项目的市场分析与预测、生产服务管理、营销策略、组织管理、财务规划、风险分析等内容进行全面编写,初步形成较为完整的项目计划书。

4. 修改完善阶段

创业计划书编写小组在这一阶段,需要就项目相关问题进行广泛调研并征求多方意见，针对提出的问题对已经初步形成的计划书进行修改和调整，这个过程可以是往复多次进行，最终得出一个较为合理的创业计划书。

5. 最终定稿

在创业计划书修改完善后，就可以进行最终定稿，打印装订成册后，形成正式的创业计划书。

21.5.2 创业计划书的编写要求

编写创业计划书主要是作为项目实施的行动指南，同时为项目融资和对外宣传提供依据。因此，创业计划书的编写不仅要提出项目的可实现性，而且要尽可能地展现出项目的发展前景及收益水平。

在编写创业计划书时，应遵循如下要求。

(1)做好前期准备工作，使创业计划书的写作过程按部就班、有条不紊。

(2)编写内容始终围绕项目的产品或服务展开，并对产品或服务的市场价值进行经常性的评估。

(3)在条件允许的范围内，要尽可能地找寻与项目有关人员的指导与协助。

(4)要针对目标读者，设置计划书中项目的不同侧重点。比如，投资者对创业计划书中的市场增长及营利性感兴趣，战略合作伙伴与主要客户关心产品(服务)、市场、盈利及管理团队的运作能力，而团队成员则主要想知道项目过去的经营情况及今后的发展前景。

21.5.3 创业计划书编写的注意事项

1. 创业计划书要关注产品

在创业计划书中要详细描述所有与项目的产品或服务有关的细节，包括产品处于的研发期、产品的独特性、产品的生产成本和销售价格等。这样可以将项目的产品或服务更好地呈现给投资者，使投资者感受到项目产品或服务的优势和特色，涉及机密部分要略为简化，以防泄密。

2. 创业计划书要条理清晰、注意格式和细节

创业计划书中清晰的布局结构可以使投资者直接找到他们的兴趣点，方便快速阅读。此外，针对不同的阅读对象，创业计划书中的结构也要进行调整，要突出重点，不能套用固定模板。在编写的过程中，不要使用过于花哨的字体，避免给人留下不够严肃的印象。

3. 创业计划书内容要规范化、科学化

产品或服务描述应使用专业化语言，财务分析应尽可能地采用图表描述，要做到细致直观，市场分析、营销策略、创业团队等内容的介绍要使用管理学术语。

4. 创业计划书要分工协作、统筹安排

因企业计划内容繁多，涉及面广，所以要求项目小组分工协助共同完成，但最终还应由项目组长统一协调定稿，避免出现项目计划零散、内容不连贯、文风迥异等问题，必要时可以聘请专业的咨询师进行完善。

课堂训练

以小组形式拟定创业项目并确定创业计划书人员分工。

姓名	职务	工作内容
张三	店长	门店日常管理
⋮	⋮	⋮

▶单元 22 成功的创新创业计划书典型案例

通过阅读优秀的创业计划书可以在一定程度上帮助创业者提高自己的写作能力。因此,创业者在编写创业计划书之前,可以多阅读他人的商业计划书,从中找到创业灵感,并得到一定的启发。从首届中国“互联网+”大学生创新创业大赛开始,黑龙江生态工程职业学院的学生就积极踊跃参赛,并且每届大赛均是佳绩频传,成绩喜人。本教材仅选取2019年和2020年两届大赛的省金奖作品做以分析,供大家学习交流。

案例一 “核桃壳棕色色素的提取及应用”项目

“核桃壳棕色色素的提取及应用”项目在第五届黑龙江省“互联网+”大学生创新创业大赛的高教主赛道中获得金奖,该赛道重点关注参赛项目的商业性、团队情况、创新性和社会效益四个方面的内容。“核桃壳棕色色素的提取及应用”项目不仅实现了技术突破,而且在产品服务、商业模式、市场营销等方面也有良好的发展。下面将对“核桃壳棕色色素的提取及应用”项目进行分析。

(一)案例简介

目前,开发研制天然色素,利用天然色素代替合成色素已经成为食品、化妆品等化工行业的发展趋势。许多国家已经开始逐步有计划地推行天然色素代替合成色素,逐步实现食品添加剂中食用色素的“天然化”和“保健化”,比如美国就已将β-胡萝卜素应用到婴幼儿食品中。但是需要注意的是,尽管天然色素的安全性很高,但是天然色素还存在着一些问题,比如它的稳定性较差,容易受环境的影响,因此色素开发的重点是寻找可开发的稳定性较好的天然食用色素。

很多天然色素的提取比较困难,且提取方法复杂。目前,国内的天然色素主要集中在焦糖色、辣椒红色素、叶黄色素、红曲红色素等,尚没有核桃壳天然棕色色素的产品。

林拓生物科技有限公司是正在筹建中的天然植物有效成分提取及深加工的科技研发型企业，由食品专业在校大学生组建。公司拟落户于大学生创业园，并依托学校实训室作为其研发基地。公司拥有一支开拓型专业人才队伍，拥有先进的仪器设备及色素提取的自主知识产权。主导产品是核桃壳棕色色素系列产品。

本项目以废弃物山核桃壳为原料，生产核桃壳棕色色素系列产品。核桃壳色素具有安全、色调色彩自然等优点，并具有抗氧化等生理活性。色素产品可应用于食品、包装、化妆品、涂料等领域。项目技术成熟，并拥有自主知识产权。本项目是一种简单实用的色素提取、纯化技术，提取成本低，便于色素提取的工业化生产。

（二）案例分析

下面将对“核桃壳棕色色素的提取及应用”项目进行分析，分析内容包括项目、市场、产品、运营策略、财务分析、项目团队、项目风险分析七个方面。

1. 项目

团队之所以会选“核桃壳棕色色素的提取及应用”这一项目参赛，主要是因为黑龙江省林地资源非常丰茂，林地面积为 1 962. 13 万公顷，居全国第二位。我国的核桃楸主要分布于黑龙江省，在黑河市、嫩江市、讷河市、同江市、甘南县、逊克县、嘉荫县、萝北县、抚远县以南均有分布。

核桃楸的材质坚硬致密，弹性好，易加工，为优良的军工、细木工和家具用材；果实具有极高的营养价值和独特的口感风味，富含不饱和脂肪酸、蛋白质、维生素和矿物质元素等，具有很高的保健作用和营养价值；树皮及叶可药用，具有消热解毒、抗癌等作用。

核桃壳是核桃去桃仁后所得的副产物，质地坚硬，一般作为废弃物弃去或焚烧，既污染环境又浪费资源。为了充分地利用这一生物资源，国内外学者对这一资源的开发利用进行了研究。

研究认为，以核桃壳为原料可以提取食用棕色色素，既避免了核桃壳资源的浪费，又满足了人们对健康、安全的天然色素的需求，提取棕色色素之后又可以用核桃壳残渣制备活性炭，进一步提高了核桃壳的利用价值。

2. 市场

团队对市场进行了细致的调查，搜集整理出国内外大量的数据信息，并对调查结果进行了严密的分析。另外，基于人们生活水平的不断提高和人们对食品安全的关注程度加深，团队全面系统地研究了核桃壳为原料可以提取食用棕色色素的发展前景，在研究过程中注重信息的时效性，很好地把握了市场变化和行业发展趋势。

创业计划书中关于项目市场描述内容如下。

近年来，天然色素的国内外市场需求一直呈上升趋势。国外市场，多年来食品工业的总产值在全球工业品产值中一直是名列前茅。最近的统计信息表明，全球食品添加剂市场规模为300亿美元，年增长率在3% ~4%，天然色素的使用量每年在以10% ~20%的幅度增长。

国内市场，目前我国食品工业总产值已突破1.6万亿元人民币，占国内生产总值10%。由于食品工业的迅速发展，作为食品加工业和餐饮业不可少的食品添加剂，也同时获得了广泛的发展空间，其主要表现在生产消费高速增长，出口贸易继续增加。根据中国食品添加剂和配料协会统计数据显示，2018年食用着色剂产销总量将达到47.35万吨，同比增长0.34%；总销售额将超过45.6亿元人民币，同比增长9.47%；出口预计超过11 739吨，同比增加14.6%；出口创汇总额超过2.99亿美元，同比增加22.4%。2018年全行业产销量将实现增长的目标。其中，辣椒红色素、栀子黄色素、栀子蓝色素、红曲黄、姜黄素、藻蓝色素、红花黄色素等品种的产销量实现增长目标。紫甘薯色素、萝卜红色素、甘蓝红等品种将实现稳定持续增长的目标。数据表明，当今全球市场对天然色素的需求不断攀升。

20世纪90年代前后，食用天然色素还处在萌芽阶段。时至今日，食品加工、餐饮企业主动寻找适合自己应用的天然色素产品，这种颠覆性的变化本是一件好事，但寻求的过程仍需不断改进，要在国内的天然色素生产企业寻找适合自己产品应用的天然色素产品，仍不是一件容易的事情。国内的天然色素无论是水溶还是油溶产品，使用限制性大，特别是油溶性产品这类问题更加突出。也因此导致了天然色素应用范围狭窄。

3. 产品

全面客观地介绍和评价产品的提取技术和项目优势、项目的特色及创新点、项目保障等，如图22.1所示即为产品优势的描述，富有特色的产品是项目盈利的关键，也是衡量创业项目质量的一个重要指标。

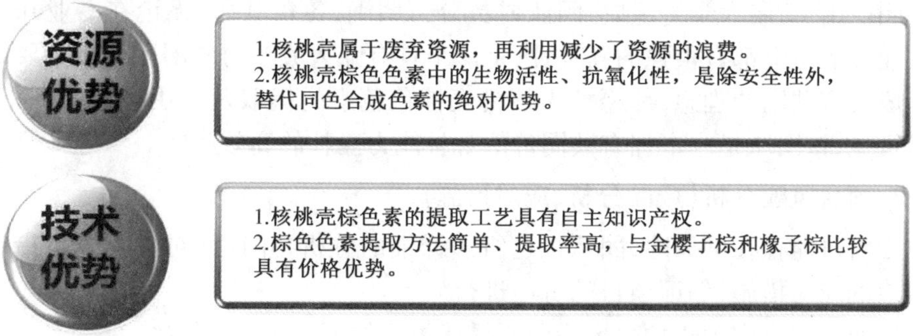

图22.1　产品优势

4. 运营策略

团队对产品的商业模式及营销策略进行了准确分析，并详细描述了开发生产策略、市场定位和营销策略。

创业计划书中关于项目运营策略描述内容如下。

(1)通过宏观经济环境、竞争者及目标市场等方面的综合分析，结合天然色素的安全性与核桃壳资源的再利用，选取媒体和互联网，进行产品网络宣传，进行品牌建设，树立公司的市场知名度，加大社会的认可度。

(2)通过分析影响消费者决策行为的因素，影响、引导消费者的决策行为。

(3)对天然色素使用企业进行市场调研，根据市场需求，及时指导色素产品的研发方向，为客户提供高品质产品。

(4)与色素生产企业共同开拓天然棕色色素的应用市场，力争开拓棕色色素的国际市场，以提高未来色素的产量。

5. 财务分析

团队通过资金预算、效益分析、社会效益和生态效益三个方面进行详细阐述，分析出投资回收期，并制定出具体销售收益估算表，见表 22.1 所示。

表 22.1　销售收益估算表

项目	2019 年	2020 年	2021 年	2022 年	2023 年
色素产量(吨)	—	—	100	300	500
总销售额(万元)	—	—	2 000	6 000	10 000
净利润(万元)	—	—	300	900	1 500
林拓生物(万元)	—	—	30	90	150
铁岭泓源(万元)	—	—	270	810	1 350

6. 项目团队

团队由 15 名大学生组成，团队成员分工明确，各司其职，无论在专业知识还是在业务能力上都有很强的互补性，是一个具有强大战斗力的团队。更重要的是团队成员有共同的理想，都愿意为核桃壳棕色色素的提取及应用事业共同奋斗。由此可见，该团队是一个拥有共同价值观且能力互补的高效团队。

7. 项目风险分析(风险分析、应对措施)

面对可能存在的风险，团队也进行了详细的分析，并且针对各类风险指定行之有效的应对措施，保证项目的有序进行。

创业计划书中关于项目风险分析描述内容如下。

1. 风险分析

(1) 产品投产后的技术风险。

(2) 产品投入市场后与其他天然色素产品的竞争性。

(3) 公司以技术与色素生产企业合作时,存在知识产权风险。

(4) 项目在与企业合作过程中产生的投入风险。

2. 应对措施

(1) 核桃壳棕色色素的整个生产工艺理论论证可行,各个工序设计合理,并以成功的试验数据作为工业性试验指导。各工序操作条件及设备设施多为常规状态,具有解决各种技术问题和保障设备正常运转的技术人员,符合我国轻工业技术发展水平。所以,核桃壳提取天然棕色色素产品基本无技术风险。

(2) 目前市场上尚没有核桃壳天然色素产品,本公司产品投入市场后,会加强产品特性的宣传,加快色素系列产品的研制,总体降低色素成本,增加与其他天然色素产品的竞争力。

(3) 聘请法律顾问,与企业技术人员签订保密协议,明确相互的权利、义务,防范合作过程中的知识产权风险。

(4) 投入风险是科研成果转化过程中的最基本的风险形态。为此在合作过程中,要保证企业资金投入的持续性,设备购置及车间建设,细化项目实施的阶段性任务,明确分工合作内容,并确保企业技术人员的准确对接。

(5) 学习企业管理理论,用科学的企业运营、管理方式指导未来公司的运营。

案例二 “龙牙楤木芽多糖的提取及应用”项目

“龙芽楤木芽多糖的提取及应用”项目在第六届黑龙江省“互联网+”大学生创新创业大赛的职教赛道中获得金奖,下面将对“龙牙楤木芽多糖的提取及应用”项目进行分析。

(一) 案例简介

随着人们对环境保护意识的增强,回归自然已经成为人们日常生活中的一种追求。亚健康状态概念的提出,国家对医疗制度改革政策的出台以及生活水平的提高,促进了人们在观念上的转变,即由过去以治病为主的观念逐渐向防病为主的观念转变,这为天然多糖的开发应用提供了广阔的前景。

黑龙江省林地面积 2 617 万公顷,孕育了丰富的林副特产资源,山野菜作为森林生态系统中重要的植物资源,其开发利用虽然由 70 年代自采自食模式向采集、收购、销售等模式转变,但山野菜利用的品种及开发的产品形式仍然有限,品种单调，档次不高，且市场开拓力度小，份额低，现利用的山野菜品种主要有薇菜、蕨菜、柳蒿芽、黑木耳、芦笋等，产品的形式也以罐头、干制品、盐渍品、速冻、保鲜品食用为主，山野菜资源在医药、化妆品、保健品行业鲜少见其应用，为提高其产品附加值，应运用高新生物技术，加工生产集医疗、保健、营养为一体的山野菜产品即山野菜提取物中间体，以满足产品深加工的需求，以便应用于药品、保健品、食品、化妆品等领域，具有刚性需求的特点。

龙牙楤木为五加科楤木属多年生落叶小乔木，属东北三省特有树种，为药、食两用植物，其嫩芽为天然食品山野菜之珍品，有研究显示龙牙楤木嫩芽生品可增加衰老小鼠脑及肝 SOD 活性及降低 MDA 含量，具有一定的抗衰老作用。龙牙楤木多糖具有抑制肿瘤、网状组织细胞白血病、抗辐射损伤的作用。

本项目拥有自主知识产权，技术成熟。项目团队由哈尔滨商业大学药学院院长、重庆赛维药业有限公司高级工程师作为坚强的技术后盾，二位一直致力于植物提取物、成分功能活性、提取物生产方面的研究的，为项目的顺利完成给予了充分的指导。

（二）案例分析

下面将对“龙牙楤木芽多糖的提取及应用”项目进行分析，分析内容包括项目、创业团队、市场分析、项目特色及创新点、营销策略、财务分析、风险分析七个方面。

1. 项目

项目的目标客户锁定为生物技术企业，保健品、功能食品生产与医药制造企业，并将在后续合作期间依据多糖产品性质继续深入开发面向亚健康人群适用的龙牙楤木芽多糖系列功能饮料、甜点等休闲营养食品以及保健品等产品。

创业计划书中关于项目基本描述内容如下。

1. 项目简介

本项目以东北林区龙牙楤木初春所发嫩芽即刺嫩芽为原料，加工生产龙牙楤木芽多糖系列产品。该多糖具有天然无毒、色淡无味，并具有提高免疫力、抗辐射损伤、抗肿瘤等生物活性，可应用在功能性食品、保健品领域。该项目拥有自主知识产权，技术成熟，是一种高效、快速、简便、易操作的多糖提取、纯化技术，便于工业化生产。

2. 多糖产品的性质

(1) 多糖产品为均匀疏松粉末状固体，灰白色，色泽均匀，无异味。

(2) 在常温非密闭条件下，性质稳定，不易因吸湿而发生性状改变。

(3) 多糖产品溶解性好，易溶于冷水、热水中，不溶于乙醚、乙醇、丙酮等有机试剂。

(4) 多糖产品为纯天然可食用植物提取物，无毒无副作用，安全性能高。

(5) 多糖产品纯度高，质量统一，重金属含量、农药残留量及细菌总数符合国家标准。

(6) 多糖产品在日后的应用过程中可随意调整其浓度，并不会影响深加工产品的口感、颜色及稳定性能。

3. 主要技术

项目中采用酶提取法对多糖进行提取。植物细胞壁主要由纤维素、蛋白质、果胶等组成，利用酶的专一性特点，在有效成分提取时采用相应的酶对细胞壁成分产生水解作用，以此破坏细胞壁结构或改变细 胞壁的通透性，加快内容物的溶出，同时酶解糖蛋白使多糖成分最大限度地释放出来，提高多糖提取率。

大孔吸附树脂是由聚合单体和交联剂、致孔剂、分散剂等添加剂经聚合反应制备而成，具有多孔骨架结构。利用其多孔结构对分子大小不同物质的筛选及有选择地物理吸附溶液中有机物质的作用，将植物提取液在大孔吸附树脂上经一定溶剂洗脱或吸附而达到分离、纯化、除杂、浓缩等目的。该项目利用强极性大孔树脂对多糖粗提液进行脱色操作，无须调节多糖溶液至酸性或碱性，只需将处理好的树脂按处理量加入到配制好的多糖溶液中进行短时间的振摇或搅拌即可达到极好的脱色效果，且多糖损失较少，同时除去多糖中的蛋白质。

4. 技术路线

本项目以龙牙楤木嫩芽鲜品为原料，经干燥、粉碎、脱脂后，加入复合酶水浸提得到多糖粗提液，通过大孔吸附树脂对龙牙楤木嫩芽多糖粗提液进行纯化，得到精制龙牙楤木嫩芽多糖溶液，将溶液浓缩至一定浓度后干燥得精制龙牙楤木嫩芽多糖产品。通过凝胶色谱、高效液相色谱、红外光谱等技术对多糖进一步完成分离、单糖组成及结构分析，通过动物实验确定其更多功能活性及作用机制，开发系列产品。

2. 创业团队

团队由不同专业的15名成员组成，对各成员的专长、专业和工作职责都进行了详细说明，并且将团队指导教师的研究专长也逐一列出，充分体现了专人专用的思维，而不是随随便便就把一群有相同理想的人聚在一起。这样的团队介绍才能打动评委，让投资者看到其团队的实力。

创业计划书中关于创业团队内容如下。

1. 团队理念

公司为正在组建中的以天然植物为原料，专业从事植物有效成分提取及深加工，研究开发及生产健康保健食品、医药中间体等纯天然生物制品的高科技公司，植物提取物是整个产业链的中间一环，上游衔接农业种植，下游承接产品开发与应用。产品线可变性较高，成本和技术投入层次分明，适用于不同阶段的企业投入生产，产业附加值较高。团队拟定落户于大学生创业园，并依托学院药物教学实训中心为研发基地，基地面积达 1 500 m^2 以上。

团队拥有专业的植物提取领域人才队伍、先进的生产设备及多糖提取自主知识产权，由哈尔滨商业大学药学院院长、重庆赛维药业高级工程师指导，学院药学教研室多位教授、副教授及药学、电子商务专业在校大学生构成，从事植物有效成分提取中间体和深加工的技术与产品开发等，可进行原材料处理、植物成分提取、功能活性、质量检测及质量控制一系列生产性活动。

团队立足开发东北丰富的植物资源，借助龙江森工相应资源，为全国乃至全球功能性食品、饮料、保健品、化妆品、环保及医药领域提供优质、天然的植物提取产品。目前主打产品为著名山野菜之王刺嫩芽之龙牙楤木嫩芽多糖系列产品。

团队以“汲取植物精华，发展林区经济”为宗旨，遵循“诚信、创新、环保、健康”核心价值观，以“以德为先、务实创新、质量取胜、真诚服务”为经营理念，无论何时，对植物资源的开发利用将始终本着“可持续发展”原则为人类的健康事业而努力。团队计划利用一年时间寻求合作企业，将产品推向市场，以求共赢局面。

团队遵循“以规范为基础、以创新为手段、以转型为导向”的发展策略，不断开发新产品，实现发展林区经济，提升林区资源利用率，让林下资源在相应时间内能够合理安全有效地得到利用。通过刺嫩芽多糖一种山野菜有效成分中间体的利用推动林下多种植物资源的开发与应用，促进龙江经济高速发展。

2. 团队人员构成

目前，项目团队共有 15 人，由行政管理、研发、销售、财务等人员组成，具体分工如下：

(1) 主管人员。

①×××：项目组组长负责企业的整体运行及管理；

②××：行政及财务主管负责与企业洽谈合作事宜及公司财务、综合事务；

③××：营销策划主管负责网站建设、宣传及产品营销策划方案制订与实施；

④××：采购供应主管负责所需物料的采购及产品供应；

⑤×××：产品研发主管负责扩大多糖提取物种类及提取物标准制定及申报事宜。

(2) 研发人员。

项目团队中 3 名同学，利用学院药物教学实训中心进行项目后期提取物标准制定所需质量监控方法的研究及其他品种山野菜提取物的研发工作，同时负责该项目与企业合作过程中出现的技术转化及改进问题。

(3) 销售人员。

项目团队中4名同学负责企业调研与走访，洽谈原料采购、网站建设、产品推广及产品供应等事宜。

(4)财务人员。

项目团队中4名同学负责资金运转记录，做好资金分配工作；负责与企业洽谈合作事宜。

3. 市场分析

团队首先从当前的市场现状着手，提出多糖作为天然无毒，且具有调节免疫、降血脂、抗疲劳、抗氧化、抗衰老、抗肿瘤等活性的一大类成分，其应用前景不可估量。黑龙江省龙牙楤木野生资源丰富，但资源的浪费相当严重。因此，对龙牙楤木芽多糖提取物的开发与研究势在必行。

4. 项目特色及创新点

项目拥有自主知识产权，并且技术成熟，能够有效提高龙牙楤木芽附加值，减少资源的浪费。可推进龙牙楤木芽多糖提取物标准的制定，一定程度上填补了国内植物提取物标准的空白。还能够带动黑龙江地方区域经济及林区经济快速提升，为脱贫攻坚贡献一分力量。

创业计划书中关于项目特色及创新点内容如下。

1. 本项目拥有自主知识产权，技术成熟，是一种高效、快速、简便、易操作的多糖提取、纯化技术，便于工业化生产，提高龙牙楤木芽附加值，减少资源的浪费。

2. 本项目可推进龙牙楤木芽多糖提取物标准的制定，通过申报及审批流程后，一定程度上填补了国内植物提取物标准的空白，为提升产品质量提供依据。

3. 本项目以东北林区山野菜龙牙楤木芽为原料，为未被利用的90%林区山野菜资源开拓应用市场做铺路石，带动黑龙江地方区域经济及林区经济快速、稳速提升，提高林区农户经济收入，以年需100吨刺嫩芽鲜品计算，可为农户增加收入100万元，实现100户林区贫困户年收入过万，为脱贫攻坚贡献一分力量。

5. 营销策略

团队在多糖产品的研发及生产前多糖提取物标准的制定方面，采用自主研发及强强联合共同研发的方式，联合具有合作意向的企业，以技术入股的形式，作为合作企业的技术研发中心，为合作企业在产品种类、品质、提取与工艺提供技术支持。指定三种行之有效的营销策略，并且本项目多糖产品的市场则定位于多糖提取物中间体的生产，为下游企业或合作企业提供用于制作功能性食品、保健品的原料。

6. 财务分析

项目财务分析包括资金预算、效益分析、社会效益和生态效益等内容，分析内容全面、客观，并通过资金预算分配表、启动资金明细表、收益估算表、销售收入表等真实地反映了项目的财务状况，可以让投资者以此来推断项目未来的发展趋势。

创业计划书中关于财务分析内容如下。

1. 资金预算

项目启动前期，依托黑龙江省森林工业总局应用研究课题支持，获得课题研究经费 15 万元，包括材料费、调研费等，在此基础上，待项目启动后，计划申请大学生创业贷款 25 万元。

2. 效益分析

项目投产后，按龙牙楤木芽鲜品原料年消耗 200 吨，年产多糖系列产品 2 吨计算，需企业融资 500 万元作为成本，利用企业设备及员工固有资源，项目投产后，第二年即可获得收益，日后逐年增加，投资回收期为 3 年。

3. 社会效益和生态效益

本项目属于科研成果的转化，顺应了植物提取物行业的发展，作为重要的中间体产品，天然植物多糖拥有多方面功能活性，无毒无味，可广泛应用于营养保健食品、保健品、化妆品及医药制药行业，满足了人们追求高品质生活、追求健康的需求，为国民经济的可持续稳定发展奠定人力基础。随着更多植物来源多糖及提取物被开发利用，协同林区资源山野菜人工培育、栽培技术的不断改进，植物基地种植面积势必会不断扩大，而林区资源植物种植面积的增加对生态环境的改善、林区经济水平的提高、林区人员就业率增高、改善林区居民生活水平将形成良性循环。

项目启动后，还可增加大学生就业岗位及工资收入，推动大学生实现自主创业。

7. 风险分析

团队在对项目风险进行分析时，主要围绕技术风险、价格竞争性风险、知识产权转让风险和投入风险四个方面展开，同时还对各个风险的规避策略进行了详细描述，保证了项目的顺利进行。

创业计划书中关于风险分析内容如下。

1. 风险分析

(1) 团队与企业合作投产前，存在放大生产量的工艺技术风险。

(2) 产品投入市场后与其他来源多糖产品存在价格竞争性。

(3) 存在知识产权转让风险。

(4) 科研成果转化过程中存在的投入风险。

2. 应对措施

(1)合作企业本身即是以中药为原料进行前提取制成相应中成药企业,对本项目中应用的设备及提取、纯化方法均能满足,且企业相关工艺转化技术人员经验丰富,在项目技术原本的工艺理论论证可行,设计合理的前提下,可保证工艺的扩大化生产。

(2)目前,市场上多糖提取物产品较多,以菌类、水果、中药为原料提取较多,工艺简单,但产品颜色均较深,纯度低,影响其在营养食品、保健品中的应用,我们可以利用本项目多糖系列产品颜色淡、性质稳定、纯度高这一优势进行宣传,加快后续系列产品的研制,总体降低成本,增强竞争实力。

(3)聘请法律顾问,针对知识产权权力及义务明确内容,避免出现纠纷;在与企业合作期间,要保证企业资金投入的持续性,细化项目实施的阶段性任务,与企业人员随时保持联系。

(4)走访成功企业,学习企业管理经验,以保证团队健康持续的运营。

课堂训练

1. 通过本单元内容的学习,谈谈能够赢得评委或投资者青睐的创业计划书应该包括哪些要点?

2. 到网上自行选定一份优质的创业计划书,尝试对计划书中内容进行分析,包括市场分析、产品或服务优势、营销策略、组织管理等。

单元 23

课堂实训：撰写大学生创业计划书

23.1 训练目标

(1)通过前两个单元的学习,使学生具备撰写创业计划书的能力。

(2)发挥学生学习的主观能动性和开创性,培养学生发现问题解决问题的能力,并且通过撰写创业计划书,培养学生市场调研、查阅资料、文字表达和综合运算等方面的能力。

23.2 训练要求

(1)本着科学创新的原则各小组确定选题,所选题目一定独特、新颖,避免雷同抄袭。

(2)各小组同学应认真进行市场调研,将调研的结果全面分析、综合论证,形成的创业计划书要观点明确、语言流畅、图表规范、技术可行。

(3)各小组同学要多收集与项目有关的信息资料,虚心向任课教师及专业课教师请教,通过此项训练提高综合运用专业知识、解决实际问题的能力。

(4)各小组同学要分工明确,团结协作,保质保量地完成此项创业计划书的编写任务。

23.3 创业计划书编写训练

23.3.1 项目概述

要求:简明、扼要,具有鲜明的特色。重点介绍项目背景(对项目进行宏观环境分析和行业环境分析,是否适应市场的需求,项目所在行业是属于新兴行业还是朝阳产业，行业发展前景如何，能否实现产业化和规模化）、项目概述、国家政策、企业宗旨、项目基本描述、设计思想、主要技术、项目规划等。

23.3.2 项目可行性分析

要求：详细介绍该项目的市场现状、项目优势、项目保障、市场需求、竞争分析、商业价值等。

23.3.3 项目特色及创新点

要求：介绍项目产品或服务的主要功能和特点、技术或服务水平；指出产品或服务项目目前的技术水平是否处于领先地位，说明其专利权、著作权、政府批文、鉴定材料等；说明产品或服务是否有国家经济政策的支持，包括金融政策和税收政策等。

23.3.4 商业模式及营销策略

要求：介绍项目现有的市场容量与变化趋势及发展潜力，预估市场份额和销售额，要有市场调查和分析资料作为依据，并做到严密科学；详细说明如何把握项目的市场定位及各阶段的发展目标；构建与之相适应的促销方式、定价策略及营销渠道。竞争分析主要包括对现有和潜在竞争者的分析，要有对同类产品竞争、行业内竞争对手的分析，总结本项目的竞争优势，并制定抵御同类竞争的方案，制定完整的营销策略等。

23.3.5 财务分析

要求：介绍投资预算，投资预算分固定资产投资预算明细和流动资金预算明细，流动资金包括原材料或商品周转金测算与费用预算，适当考虑不可预见费用；介绍融资计划，按照自有资金、借入资金、风险投资、创业资助等渠道进行筹划；介绍未来三年的收入预测和各项成本、费用、税金预算明细情况；形成三年期的利润预测表和现金流量表；进行投资回收期、投资报酬率、净现值的计算。

23.3.6 项目团队

要求：介绍团队现有人员数量、具体岗位描述，如果有与项目有关人员的指导与协助也要在此列出。

23.3.7 项目风险分析

要求：介绍项目存在的各类风险，对照每一条风险提出有效的应对措施。

模块八　创业大赛——检验创新创业实效的练兵场

导入语

近些年国家非常重视大学生创新创业，通过举办各级各类大学生创新创业大赛，以此激发大学生的创新创业热情，并从中找出大学生创新创业的闪光点。相信有一些同学会有疑问，如果我们有好的创业想法，如何去报名参加创新创业大赛呢？大赛成功报名后我们还需要做什么呢？路演是怎么回事？路演时我们需要注意哪些呢？以上问题在本章都能找到答案。

案例导入

郝建龙和他的易卖团队

郝建龙，黑龙江大学信息管理学院电子商务专业2013级本科生，是一名执着勤奋、充满激情和梦想的95后。刚上大二时他就与5名同学一起创建了哈尔滨易卖电子商务有限公司，开发了基于移动终端的APP销售平台，并通过答辩入驻黑龙江大学学生科技文化创业园，立足校园学生市场，展开定制性水果电商运营，开始了创业之路。

郝建龙和他的易卖团队在保证日常业务开展的情况下，着手准备易卖校园连锁经营的创业计划。经过大家集思广益最后确定了以“互联网+定制水果”APP线上销售为主线，线下众筹模式为辅助的业务发展模式和短期、中期的企业工作目标，他们把所有明确的构思和统一达成的想法逐一地写到创业计划书中。

恰时，哈尔滨市举办创业计划大赛，郝建龙得知后积极地进行了申报，他希望通过大赛的作品评比和创业路演获得潜在投资者和合作商的认可，更希望通过比赛寻找到业务合作的创业“伙伴”。由于前期工作准备充足，创业计划书论述清晰明确，在众多参赛团队中脱颖而出，率先进入路演环节。虽然郝建龙和他的易卖团队路演PPT和现场演讲效果都很不错，但最终只获得了三等奖。此次大赛评委们把更多的关注都投向了理工科的“技术小咖们”，但他一点也不气馁，因为通过比赛他的团队加入了其他学校志同道合小伙伴，也收获了评委和专家们的建议，并且通过参加此次大赛自身的沟通能力、表达能力都得到了很大的锻炼。

请思考：

参加创新创业大赛对于创业者可以收获到哪些？

▶单元
项目路演 24

24.1 路演需要准备的资料

很多参加创新创业大赛的学生都会面临现场路演这个比赛环节，路演环节对项目的最终比赛结果起着非常重要的作用。但是有些学生在面对路演环节时无从下手，不知道从哪里开始着手准备；即使有一部分学生对自己的项目很熟悉，在现场路演时仍然会出现表述不顺畅、超时或冷场的情况。其实，路演环节并不简单，在前期需要做大量的准备工作。下面我们将从编写路演讲稿、制作路演 PPT、准备现场提问三个部分向同学们进行介绍。

24.1.1 编写路演讲稿

为了梳理路演的思路，保证路演的质量，在路演前需要编写一份路演讲稿，避免出现忘词、表述无序、时间分配不当等影响路演现场发挥的现象。不同类型的创业大赛对于路演的时间要求不同，因此需要参赛者在比赛前了解路演的时间分配，即项目介绍和现场提问分别是多长时间，路演讲稿的编写长度要依据时间要求而定，并且讲稿的内容要详略得当，突出重点。具体编写过程如下。

1. 编写讲稿大纲

通常情况下，路演讲稿的关键内容包括：项目的基本情况、项目介绍、项目市场分析及增长潜力、项目解决的行业痛点、竞争优势和团队成员组合及基本情况。

2. 完善讲稿内容

讲稿大纲完成后，结合创业计划书对每一项内容进行填充，完善讲稿内容。由于创业计划书中的内容较多，在路演过程中不可能面面俱到逐一介绍，因此讲稿内容需要详略得当，主次分明。

3. 优化语言表述

针对初步形成的讲稿，需要反复推敲不断完善，对语言表述及逻辑关系要进行梳理,避免出现前后矛盾,数据错误,语言表述不明确,废话连篇的现象。

4. 不断练习,熟练于心

路演过程是需要完全脱稿的,唯一可以借助的是与讲稿配套的演示 PPT,因此需要路演者在比赛前结合 PPT 反复练习,做到流畅自如,熟练于心。

24.1.2 制作路演 PPT

编写完路演讲稿后,还需要准备一份与之配套的路演 PPT。一份优质的 PPT 不仅可以为路演者提示思路,还可以直观地展示项目的全面内容,使现场的评委或投资者能够及时捕捉到项目的要点。因此,一份内容完整、图文并茂的 PPT 对于路演是至关重要的。

1. 页数

路演 PPT 的页数既不能太少也不能太多。页数太少会使路演的内容不够饱满,并且一页 PPT 展示的内容非常有限,不可能在有限的版面展示无限的内容;页数太多会使评委或投资者接受的信息量太多,无法分清内容的主次,而且项目介绍的时间毕竟有限,如果页数太多很难将每页内容都讲清楚。因此,一般项目介绍的 PPT 控制在 12 ~ 15 页即可。

路演者可以根据讲稿中涉及的关键内容,如项目的基本情况、项目介绍、项目市场分析及增长潜力、项目解决的行业痛点、竞争优势、团队成员组合及财务情况等清晰地展示在 PPT 中,以此作为每页的核心内容。

2. 页面

美观清晰的 PPT 页面不仅可以为路演者提示思路,还可以使评委或投资者直观理解项目的基本情况,为路演过程加分添彩。但制作 PPT 的过程中需要注意以下几点。

(1) PPT 的页面不要过于花哨和凌乱。从美学的角度考虑,一个页面内的文字不能超过 3 种字体,色彩不能多于 4 种颜色。如果是与艺术性相关的项目展示时,页面要求可以另当别论。

(2) 每页 PPT 的文字不要太多太密集,尽量选用直观的方式呈现出来。如果介绍的内容可以通过表格、图片等形式展示就尽量不要使用文字陈述。由于路演时间很有限,每页 PPT 停留的时间更是非常短暂,如果项目介绍的精髓都在文字中,那么评委或投资者不可能在短暂的时间里阅读整篇的 PPT 文字,这样会严重影响路演的效果。表格、图片对于内容的呈现更为直观,也更容易使观看者接受。

(3) 每页 PPT 的切换最好设置动画效果。PPT 的切换形式如果过于单一很容易使观看者视觉疲劳,注意力分散,如果对每一页的 PPT 切换都设置不同形式的动画效果,会使 PPT 的灵动性大为增强,也能更好地调动观看者的注意力。

3. 详细内容

下面就PPT中展示的详细内容进行介绍,同学们可以根据项目的实际情况进行适当调整。

● PPT首页。首页的设计要给人以美感,一个好的首页会使观看者产生最初的好感,形成良好的第一印象。首页应包括项目名称、路演汇报人、指导教师、所在院校等基本信息。如果已经设计好Logo,也可以在首页展示出来。

● 目录页。路演PPT中最好设置此页,将项目介绍的关键内容逐一罗列出来,可以使观看者对介绍的内容有一个大致了解。

● 项目概述页。简要概况项目的基本情况,使评委或投资者能够清晰地知道这个项目是做什么的。如果已经有实物可以将产品图片呈现出来;如果是技术型产品可以通过图表的形式介绍此项目的技术路线。

● 市场需求及行业痛点页。路演者可以展示目前市场的需求痛点,用户需求,为什么现在是进入市场的最好时机等内容。在路演的过程中可以适当以提问的方式引发观看者的思考,增加评委或投资者对项目的关注度。

● 解决方案页。向观看者讲述目前针对该痛点的解决方案是什么,我们的项目具有哪些优势。可以用表格、图片来直观展示自己的竞争策略,或相对于竞争对手的优势。

● 特色及创新点页。向观看者介绍项目的特色以及相对同类项目我们的创新点有哪些。

● 市场规模页。向观看者介绍项目在占有市场份额上具有哪些优势。如果是成熟的市场行业,路演者可略讲,但对新型的行业,路演者需要加以详细解释。

● 商业模式或营销策略页。参考商业模式画布,梳理业务逻辑与消费者、合作伙伴之间的关系,说清具体的盈利模式。在项目的推广上采用哪些营销策略加速销售?

● 财务分析页。主要说明项目的资金预算、预期收益、投资回报期等内容。

● 团队成员页。要突出团队核心成员的亮点,如专业优势、名企高管、行业专家、连续创业者等。主要表现这是一个有着共同创业梦想、互补互信、强凝聚力的团队。同时,介绍团队成员是如何实现项目更好发展的。

● 项目风险分析页。将创业计划书中的项目风险展示出来,增加观看者对项目的信服和关注度。

● 结束页。最后强调一次项目的亮点,如项目愿景,或者展示项目负责人的联系方式等。

以上内容如果一页无法展示清楚可以适当增加1~2页。

24.1.3　准备现场提问

现场提问是路演中一个重要环节，这个环节是评委或投资者对项目介绍过程中产生的疑虑或者在介绍中没有提及的部分进行提问，如果路演者对项目不够熟悉，或者项目的成熟度不够，又或者路演者的现场应变及语言表达能力不强，这个项目就无法引起评委或投资者的兴趣，因此很容易与成功失之交臂，所以路演者在比赛前要有针对性地加以训练。可以请项目指导老师或者有参赛经验的同学假扮评委或投资者进行提问。想一想有哪些问题是评委或投资者比较关注的，提问概率较大的，可以将这些问题的答案提前准备出来。根据以往的经验，路演者可能会遇到的问题如下。

(1)项目的盈利模式是怎样的?

(2)你们的产品能解决什么行业痛点?

(3)你们的产品具体能满足用户的什么需求?

(4)你们为什么会创建这样的项目?

(5)你们的产品凭什么吸引顾客?

(6)项目的创新点是什么?

(7)如果你们有足够的资金，你们下一步有什么打算?

当然，现场提出的问题还会因评委或投资者的关注点不同而有所不同，但都是会围绕项目的具体内容而展开的，只要路演者对项目掌握透彻，无论遇到什么样的问题都可以从容应对。

24.2　路演的五大要素

一个好的路演表现不仅可以使项目在众多的参赛作品中脱颖而出，而且可以实现创业者和投资者的高效对接。但是要想路演成功还需要把握以下五个关键要素。

24.2.1　自信展示项目的发展前景

参加路演的大部分项目都是初创企业或处于创新想法的构建阶段，由于对项目未来的发展前景不能准确把握，因此路演者在表达项目的发展前景时会感到紧张不安，但切忌要将这种状态表现出来，否则会使路演效果大打折扣。路演者在展示项目的发展前景时应该自信从容，在合理范围内可以尽量放大，使它更加吸引人。

24.2.2 详细的财务分析

无论是投资者还是创业大赛的评委对项目的盈利水平和投资回报都是十分关注的,此时就需要创业者做详细的财务分析。在时间上至少应涵盖未来 3 年,其中不仅应包含项目的运营成本,还应包含项目的收入增长率、利润、投资回报等。当然资金的使用要与实际相符,不要过分夸大也不能过于精简,这样得出的财务分析数据才相对准确。

24.2.3 展现竞争力

参加路演的项目无论是否已经有收益,创业者都需要在路演时展现出项目具有的竞争力,使观看者感受到项目未来的发展潜力。如果项目已经产生了收入,并且收效良好,就一定要在路演中展示出来。如果项目还处于构建阶段,路演者就需要在所有的业务指标中找到一个最具发展潜力的指标来进行展示,如市场需求量、用户访问量等。

24.2.4 创业团队的基本情况

创业者在进行路演时,要用一页 PPT 来介绍创业团队的构成及基本情况。一个强大的团队通常会推出较好的产品,并最终赢得市场。如果项目负责人有创业经历或从事过与项目相关的工作,最好对项目负责人做简单的介绍,增加评委或投资者对项目成功的信心。

24.2.5 解决需求痛点的能力

路演几乎都是围绕需求痛点来展开的,这也是评委或投资者特别关注的,因此路演者应首先描述该痛点再结合项目的产品或服务给出解决方案。

24.3 路演的步骤与技巧

大部分创业者都没有路演经验,更不知道如何去完成一场成功的路演。下面将对路演的步骤及技巧进行介绍。

24.3.1 路演的步骤

路演的过程通常可以分为以下四个步骤。

(1)提出问题。路演者首先应该提出一个社会共性的问题,这样不仅可以引起评委或投资者的兴趣,还可以为后面将要推出的项目做铺垫。例如,将要推出的产品是核桃壳提取的棕色色素，作为路演者，首先不要讲述这款色素有多么好，而应采用提问的方式来说明化学合成色素对人体的伤害，让投资者意识到即将推出的产品是与人们的健康息息相关的。

(2)扩大问题、挖掘消费者的痛点。例如，化学合成色素对人体有一定的毒副作用，不少品种具有严重的慢性毒性和致癌性，由此把问题扩大加深投资者对天然色素的印象。

(3)解决问题。路演者推出产品的优势。例如，要推出的产品是核桃壳提取的棕色色素，此时路演者就可以对提取的技术路线、产品特点和安全性等方面进行详细阐述。

(4)塑造价值就是借助各种销售途径提高产品的销量，增加产品的品质价值、概念价值和附件价值，以此带动项目的收益。

24.3.2 路演的技巧

一些创业者虽然参加了多次路演，由于没有掌握技巧，路演的效果始终不是很理想。因此良好的路演技巧不仅可以增强路演者的自信心，而且可以大大增加路演的成功率。下面就如何提高路演技巧进行具体介绍。

1. 路演内容

路演的内容主要围绕项目的产品或服务展开，路演的成功与否很大程度上取决于路演的内容，因此路演的内容一定要具备良好的逻辑性，并且路演者在介绍项目时一定要抓住要点，符合所讲的主题。在正式路演前，为保证对内容充分熟悉，路演者可以进行多次演练。

为了使观看者清楚项目，首先需要说明我们是做什么的。比如："我们是XX创业团队，我们团队致力于打造核桃壳棕色色素的提取及应用，下面我将从以下几方面介绍我们的项目。"此外，为了让投资者印象深刻，最好凝练出一句足够吸引人的口号或句子，并在展示过程中多次提及，让投资者牢记。

2. 语音、语调、语速

由于路演完全是靠语言来表达，为保证路演的效果，路演者需要在语音、语调和语速上下功夫。强调语音和语调的主要原因是路演者需要清楚地将项目信息传递给评委或投资者，使观看者更易接受和理解。创业者需要考虑两方面的因素：首先，创业者要清楚地将信息要点传递给投资者；其次，创业者要把控好时间，以良好的节奏感完成一场项目路演。

因此，创业者应注意以下两点内容。

(1)语速该快的时候快，该慢的时候慢，张弛有度。

(2)把控好路演时间。根据路演时间准备内容，然后根据要点调整语速，从而使整场路演的节奏更为完美,也使观看者通过语速了解路演的重点部分。

3. 个人状态

充满激情、积极向上的良好状态不仅可以展现出路演者对项目的信心,而且能够充分带动整场路演的现场气氛。因此,路演者要保持良好的个人状态,拥有饱满的热情和愿意为项目付出巨大努力的准备。另外,路演者应尽可能多地了解演讲场地的情况,避免因不熟悉场地而出现紧张忘词、演示工具操作不当、时间把握不好等问题。

评委或投资者需要路演者有聆听的能力。如果路演者在介绍自己的项目时只顾表现自己而不顾观看者的感受,那么就很难使自己的项目得到认可。因此,路演者需要诚实地回答观看者的问题,不要过分夸大事实,也不要对关键问题含糊其词,要让观看者觉得路演者及他们的项目是值得信任的。

4. 肢体语言

通过眼神、手势、面部表情等身体部位来传递思想,不仅可以实现与投资者的互动,还能够吸引观看者的注意力,增加对路演者的关注度。当然这些肢体语言要适度使用,它们是为你创业项目以及演讲做辅助的,不要使用过度,否则会弄巧成拙。

5. 仪表服饰

通常情况下,男士的衣着要求为西装,素色衬衫,领带颜色配合西服;头发整齐利落,前发不附额,侧发不掩耳,后发不及领;深色皮鞋,保持干净。

女士的衣着要求为套装为宜,要符合身份;要化妆,淡妆为宜,自然且不露痕迹;头发整齐利落,不可遮住脸部,长发不要随意散开。

6. 数据支持

只有数据才是最直观、最有说服力的。路演者应尽量运用数据或图表展现项目的目标人群细分、项目实施步骤及产品的竞争优势等,同时还要展示一份详细准确的财务分析报表。

课堂训练

某高校学生小张在大三年级时突然萌生了创业的想法,于是他主动找到创业指导教师进行咨询,在老师悉心地指导下,小张最终选定了一个不错的创业想法。在大二的创业课程学习中,小张了解到中国国际“互联网+”大学生创新创业大赛覆盖全国所有高校、面向全体高校学生,是影响巨大的赛事活动之一,于是小张决定先报名参加创新创业大赛以此增加对项目思路的梳理。通过对大赛章程的简单了解后,小张意识到当前的首要任务是组建团队,于是,小张找了本院其他三名志同道合的同学一起来参加比赛。由于小张团队的参赛项目属于新产品研发,所以遇到问题时很难找到现成的解决方案。因此,在项目研发的初期,虽然每名成员都在积极工作,但仍然没有取得什么成果。随着团队成员对项目所在市场的逐步了解,并积极求助专业课教师了解该项目最新的技术后,项目初期遇到的瓶颈问题都得到了有效解决。一个月后,小张的项目终于取得了阶段性进展。

大赛正式报名开始,小张通过登录"全国大学生创业服务网"进行了报名。在校内初赛阶段,小张先后通过提交创业计划书和现场路演两个过程将团队项目向评委老师进行了充分的展示,他从项目背景、市场分析、特色及创新点、财务分析、风险分析等方面对项目进行了详细阐述,得到了评委老师的一致好评,项目也顺利进入了省级复赛。

成功晋级后,在指导老师的带领下团队开始积极备战省级复赛,并对目前项目可能存在的问题做出调整,对创业计划书和路演材料也进行了完善。有了校内初赛的经验,在备赛阶段,团队中的每名成员都分工明确。

省级复赛路演当天,小张在规定的时间内通过路演 PPT 详细地阐述了他们团队的创业项目,在现场提问环节,由于小张对项目的把握程度已经非常成熟,所以对于评委的提问回答得游刃有余。整个路演过程,小张语言表达流畅,条理清晰。

经过评委们的综合研判,认为小张团队项目的创新点及完整性很好,并且现场提问过程中对 PPT 之外的内容补充阐述得也十分清晰,所以最终团队拿到了省级金奖的好成绩。小张觉得此次比赛不仅提升了自身的组织能力、沟通能力、演讲能力,更主要为自己下一步的创业奠定了良好的基础。评委的点评使小张对项目中存在的不足及时做了调整,赛后有投资者主动联系到小张,非常看好他们的项目,有意要对项目进行投资。

思考并回答:

1. 小张团队最终得到省级金奖的原因是什么?
2. 参加大赛之前,作为参赛人员需要做哪些准备?

▶单元 25 相关赛事简介

通过参加创新创业大赛和现场路演，不仅可以展现同学们的创业项目和团队，更能收获行业资深专家对创业项目的剖析与点评。此外，创新创业大赛和现场路演也是项目获取投资很有效的方式，当然我们也能在活动中找到一直寻觅的创业“小伙伴”。

近几年，国内不断涌现出各级各类创新创业大赛，但参加人数相对较多且影响力较大的主要包括以下几类大赛：

◇中国国际“互联网+”大学生创新创业大赛

◇中国青年创新创业大赛

◇“创青春”全国大学生创业大赛

◇中国大学生跨境电商创新创业大赛

◇“创客中国”中小企业创新创业大赛

◇大学生“微创业”行动大赛

◇黑龙江省青年创新创业大赛

本教材以中国国际“互联网+”大学生创新创业大赛和“创青春”全国大学生创业大赛两项比赛作以着重介绍。

25.1 中国国际“互联网+”大学生创新创业大赛

中国国际“互联网+”大学生创新创业大赛是由李克强总理在2015年亲自提议举办，是我国创新创业教育改革的生动实践，极大地激发了大学生投身创新创业的热情。自2015年以来，七届大赛共有2 400多万名大学生参赛，逐步成长为全球参赛规模最大的大学生创新创业比赛。2017年8月15日，习近平总书记给第三届中国“互联网+”大学生创新创业大赛“青年红色筑梦之旅”的大学生回信中，深切勉励青年学子把激昂的青春梦融入伟大的中国梦，用青春书写无愧于时代、无愧于历史的华彩篇章。目前大赛已经成为覆盖全国所有高校、面向全体高校学生、影响最大的赛事活动之一。

由于每届大赛的主题、赛道、参赛组别有所不同,下面将以第六届中国国际“互联网+”大学生创新创业大赛为例,对大赛的相关信息进行介绍。

一、大赛简介

第六届中国国际“互联网+”大学生创新创业大赛以“我敢闯、我会创”为主题,采用线上线下相结合的方式,打造一场真正意义上的“互联网+”大赛,推动形成新的人才培养观和新的质量标准。本届大赛由教育部与有关部委共同主办,华南理工大学、广州市人民政府和深圳市人民政府承办。内地共有 2 988 所学校的 147 万个项目、630 万人报名参赛;包括内地本科院校 1 241 所、科研院所 43 所、高职院校 1 130 所、中职院校 574 所。较之上一年,参赛项目与人数均增长 25%,红旅赛道项目数增幅 54%。

大赛旨在深入贯彻落实全国教育大会精神,加快培养创新创业人才,持续激发大学生创新创业热情,展示创新创业教育成果,搭建大学生创新创业项目与社会资源对接平台。

二、大赛特色

一是更国际。立足粤港澳大湾区,融入全球创新创业浪潮,汇聚世界一流大学,打造同场竞技、相互促进、人文交流的国际大平台。

二是更教育。深化创新创业教育改革,构建德智体美劳“五育平台”,培养学生敢闯的素质、会创的能力;助力脱贫攻坚,提升学生社会责任感和担当精神。

三是更全面。做强高教、国际、职教、萌芽各版块,探索形成各学段有机衔接的创新创业教育链条,实现区域、学校、学生类型全覆盖。

四是更创新。广泛开展大学生和中学生创新活动,助推科研成果转化应用,服务国家创新发展。

五是更中国。以大赛为载体,推出创新创业教育的中国经验、中国模式,提升我国高等教育的影响力、感召力和塑造力。

第六届大赛将举办“1+6”系列活动。“1”是主体赛事,包括高教主赛道、“青年红色筑梦之旅”赛道、职教赛道和萌芽赛道。“6”是 6 项同期活动,包括“智闯未来”青年红色筑梦之旅活动、“智创未来”全球创新创业成果展、“智绘未来”世界高等教育峰会、“智联未来”全球独角兽企业尖峰论坛、“智享未来”全球青年学术大咖面对面和“智投未来”投融资竞标会。

三、大赛目的

第六届大赛的举办目的主要体现在以下三个方面。

1. 以赛促学，培养创新创业生力军

大赛旨在激发学生的创造力，激励广大青年扎根中国大地了解国情民情，锤炼意志品质，开拓国际视野，在创新创业中增长智慧才干，把激昂的青春梦融入伟大的中国梦，努力成长为德才兼备的有为人才。

2. 以赛促教，探索素质教育新途径

把大赛作为深化创新创业 教育改革的重要抓手，引导各类学校主动服务国家战略和区域发展，深化人才培养综合改革，全面推进素质教育，切实提高学生的创新精神、创业意识和创新创业能力。推动人才培养范式深刻变革，形成新的人才质量观、教学质量观、质量文化观。

3. 以赛促创，搭建成果转化新平台

推动赛事成果转化和产学研用紧密结合，促进“互联网+”新业态形成，服务经济高质量发展，努力形成高校毕业生更高质量创业就业的新局面。

四、参赛要求

参赛项目的具体要求如下。

(1)参赛项目能够将移动互联网、云计算、大数据、人工智能、物联网、下一代通信技术和区块链等新一代信息技术与经济社会各领域紧密结合，服务新型基础设施建设，培育新产品、新服务、新业态、新模式；发挥互联网在促进产业升级以及信息化和工业化深度融合中的作用，服务新型基础设施建设，促进制造业、农业、能源和环保等产业转型升级；发挥互联网在社会服务中的作用，创新网络化服务模式，促进互联网与教育、医疗、交通、金融、消费生活等深度融合。

(2)参赛项目须真实、健康、合法，无任何不良信息，项目立意应弘扬正能量，践行社会主义核心价值观。参赛项目不得侵犯他人知识产权；所涉及的发明创造、专利技术、资源等必须拥有清晰合法的知识产权或物权；抄袭、盗用、提供虚假材料或违反相关法律法规的一经发现即刻丧失参赛相关权利并自负一切法律责任。

(3)参赛项目涉及他人知识产权的，报名时须提交完整的具有法律效力的所有人书面授权许可书、专利证书等；已完成工商登记注册的创业项目，报名时须提交营业执照及统一社会信用代码等相关复印件、单位概况、法定代表人情况和股权结构等。参赛项目可提供当前财务数据、已获投资情况、带动就业情况等相关证明材料。在大赛通知发布前已获投资 1 000 万元及以上或在 2019 年及之前任意一个年度的收入达到 1 000 万元及以上的参赛项目，请在全国总决赛时提供相应佐证材料。

(4)参赛项目根据各赛道相应的要求，只能选择一个符合要求的赛道参赛。

已获往届中国"互联网+"大学生创新创业大赛全国总决赛各赛道金奖和银奖的项目,不可报名参加本届大赛。

(5)各省(区、市)教育厅(教委),新疆生产建设兵团教育局,各有关学校负责审核参赛对象资格。

五、大赛安排

(一)比赛赛制

大赛主要采用校级初赛、省级复赛、全国总决赛三级赛制(不含萌芽赛道)。校级初赛由各校负责组织,省级复赛由各地负责组织,全国总决赛由各地按照大赛组委会确定的配额择优遴选推荐项目。大赛组委会将综合考虑各地报名团队数、参赛院校数和创新创业教育工作情况等因素分配全国总决赛名额。

全国共产生 1 600 个项目入围全国总决赛(港澳台地区参赛名额单列),其中高教主赛道 1 000 个、"青年红色筑梦之旅"赛道 200 个、职教赛道 200 个、萌芽赛道 200 个。

高教主赛道每所高校入选全国总决赛项目总数不超过 4 个,"青年红色筑梦之旅"赛道、职教赛道、萌芽赛道每所院校入选全国总决赛项目各不超过 2 个。

(二)赛程安排

大赛赛程分为参赛报名、初赛复赛和全国总决赛三个阶段,各阶段的时间安排和要求如下。

1. 参赛报名(2020 年 6 月)

参赛团队通过登录"全国大学生创业服务网"(cy. ncss. cn)或微信公众号(名称为"全国大学生创业服务网"或"中国互联网+大学生创新创业大赛")任一方式进行报名。报名系统开放时间为 2020 年 6 月 11 日,截止时间由各地根据复赛安排自行决定,但不得晚于 8 月 15 日。国际参赛项目通过全球青年创新领袖共同体促进会官网(www. pilcchina. org)进行报名(具体安排另行通知)。赛事咨询请通过"中国互联网+大学生创新创业大赛"微信公众号进行咨询,参赛团队可在"全国大学生创业服务网"(cy. ncss. cn)资料下载板块,下载学生操作手册,指导报名参赛。

2. 初赛复赛(2020 年 6 ~9 月中旬)

各地各校登录 https://cy. ncss. cn/gl/login 进行大赛管理和信息查看。省级管理用户使用大赛组委会统一分配的账号进行登录,校级账号由各省级管理用户进行管理。初赛复赛的比赛环节、评审方式等由各校、各地自行决定。各地各校要正确研判当地的疫情形势,原则上采用线上路演的方式开展校级初赛和省级复赛，尽量减少线下同期活动，并做好相关疫情防控预案。大赛组委会已组织有关单位加紧开发免费的网上路演平台（另行通知），各地各校可根据自身情况选择使用。各地在 9 月 15 日前完成省级复赛，遴选参加全国总决赛的候选项目（推荐项目应有名次排序，供全国总决赛参考）。国际参赛项目的推荐遴选工作另行安排。

3. 全国总决赛（2020 年 11 月上旬）

大赛专家委员会对入围全国总决赛项目进行网上评审，择优选拔项目进行现场比赛，决出金奖、银奖、铜奖。

大赛组委会将通过“全国大学生创业服务网”为参赛团队提供项目展示、创业指导、投资对接等服务。各项目团队可以登录“全国大学生创业服务网”查看相关信息。各地可以利用网站提供的资源，为参赛团队做好服务。华为技术有限公司将为参赛团队提供多种资源支持。

六、参赛指南

下面将对中国“互联网+”大学生创新创业大赛的报名流程、参赛项目组别及对象、评审内容、提交资料等内容进行介绍，帮助广大学子更好地筹备大赛。

（一）报名流程

搜索进入“全国大学生创业服务网”的首页，单击网页左下角的“报名参赛”按钮，进入“用户登录”界面，在其中填写账号、密码等基本信息，单击“登录”按钮，若未注册账号则需填写手机号、身份证号、邮箱等进行注册，在打开的网页中完善个人信息，单击“立即注册”按钮提交申请。

成功登录账号后，便可进行项目申报参加比赛了。具体流程为在“身份选择”页面中单击“立即创建项目”按钮，在打开的页面中完善基本信息和学历认证后，单击“提交申请”按钮；然后在打开的页面中单击“创建项目”按钮，根据页面提示完成项目的新建操作，包括项目介绍、认证信息、团队成员等，完成后单击“完成创建”按钮；进入“报名参赛”页面，在其中选择参赛赛道、组别、类别等内容后，单击“确认参赛”按钮，完成网上报名。

注意，网上报名必须由学生本人进行，指导教师不能作为负责人报名，姓名要用汉字、不能用拼音代替。另外，网上报名填写的团队资料要与商业计划书中的相关信息一致；网上报名的项目名称要与商业计划书名称一致。

（二）参赛项目组别及对象

大赛分为创意组、初创组、成长组、师生共创组四种类型。具体参赛条件如下。

1. 创意组

参赛项目具有较好的创意和较为成型的产品原型或服务模式，在 2020 年 5 月 31 日（以下时间均包含当日）前尚未完成工商登记注册，并符合以下条件。

（1）参赛申报人须为团队负责人，须为普通高等学校在校生（可为本专科生、研究生，不含在职生）。

（2）学校科技成果转化项目不能参加创意组（科技成果的完成人、所有人中参赛申报人排名第一的除外）。

2. 初创组

参赛项目工商登记注册未满 3 年（2017 年 3 月 1 日后注册），且获机构或个人股权投资不超过 1 轮次，并符合以下条件。

（1）参赛申报人须为初创企业法人代表，须为普通高等学校在校生（可为本专科生、研究生，不含在职生），或毕业 5 年以内的毕业生（2015 年之后毕业的本专科生、研究生，不含在职生）。企业法人代表在大赛通知发布之日后进行变更的不予认可。

（2）初创组项目的股权结构中，参赛企业法人代表的股权不得少于 10%，参赛成员股权合计不得少于 1/3。

（3）学校科技成果转化项目（不含基于国家级重大、重点科研项目的科研成果转化项目）可以参加初创组，允许将拥有科研成果的教师的股权与学生所持股权合并计算，合并计算的股权不得少于 51%（学生团队所持股权比例不得低于 26%）。

3. 成长组

参赛项目工商登记注册 3 年以上（2017 年 3 月 1 日前注册）；或工商登记注册未满 3 年（2017 年 3 月 1 日后注册），获机构或个人股权投资 2 轮次以上（含 2 轮次），并符合以下条件。

（1）参赛申报人须为企业法人代表，须为普通高等学校在校生（可为本专科生、研究生，不含在职生），或毕业 5 年以内的毕业生（2015 年之后毕业的本专科生、研究生，不含在职生）。企业法人代表在大赛通知发布之日后进行变更的不予认可。

（2）成长组项目的股权结构中，参赛企业法人代表的股权不得少于 10%，参赛成员股权合计不得少于 1/3。

（3）学校科技成果转化项目（不含基于国家级重大、重点科研项目的科研成果转化项目）可以参加成长组，允许将拥有科研成果的教师的股权与学生所持股权合并计算，合并计算的股权不得少于 51%（学生团队所持股权比例不得低于 26%）。

4. 师生共创组

基于国家级重大、重点科研项目的科研成果转化项目，或者教师与学生共同参与创业且教师所占权重比例大于学生（如已注册成立公司，教师持股比例大于学生）的项目参加师生共创组进行比赛。并符合以下条件。

（1）参赛项目如已注册成立公司，公司注册年限不得超过5年（2015年3月1日后注册），师生均可为公司法人代表。企业法人代表在大赛通知发布之日后进行变更的不予认可。股权结构中，师生股权合并计算不低于51%，且学生参赛成员合计股份不低于10%。

（2）参赛申报人须为普通高等学校在校生（可为本专科生、研究生，不含在职生），或毕业5年以内的毕业生（2015年之后毕业的本专科生、研究生，不含在职生）。

（3）参赛项目中的教师须为高校在编教师（2020年6月1日前正式入职）。

（三）评审内容

无论是创意组、初创组、成长组，还是师生共创组，其项目内容的核心都不应仅是一个点子、一项发明或是一个实验室的成果。参赛团队应该从项目的“市场”“产品”“技术”“团队”“业绩”“未来的发展”这六方面进行思考，并进行自查，明确项目的短板。

另外，对于参赛项目的评审规则参赛团队也应该有所了解，这样才能做到有的放矢。不同的组别，其评审规则有所差别，表25.1总结了初创组、成长组、师生共创组项目的评审要点供参赛团队参考。

表25.1　初创组、成长组、师生共创组参赛项目的评审要点

评审要点	评审内容	所占比例
商业性	（1）在经营绩效方面，重点考察项目存续时间、营业收入、税收上缴、持续盈利能力、市场份额等情况，以及结合项目特点制定的市场营销策略带来的良性业务利润、总资产收益、净资产收益、销售收入增长、投资与产出比等情况。 （2）在成长性方面，重点考察项目目标市场容量大小和可扩展性，以及该项目是否有合适的计划和可能性支持其未来5年的高速成长。 （3）在商业模式方面，强调项目设计的完整性与可行性，并给出完整的商业模式描述，在机会识别与利用、竞争与合作、技术基础、产品或服务设计、资金与人员需求、现行法律法规限制等方面需具有可行性。 （4）在融资方面，强调融资需求及资金使用规划	40%

续表 25.1

评审要点	评审内容	所占比例
团队情况	（1）考察管理团队各成员有关的教育和工作背景、价值观念、擅长领域，以及成员的分工和业务互补情况。 （2）考察公司的组织构架、人员配置和领导层成员。 （3）考察创业顾问、主要投资人和持股情况。 （4）考察战略合作企业及其与本项目的关系	30%
创新性	（1）突出原始创意的价值，不鼓励模仿。 （2）强调利用互联网技术、方法、思维在销售、研发、生产、物流、管理等方面寻求突破和创新。 （3）鼓励项目与高校科技成果转移转化相结合	20%
社会效益	（1）考察项目增加社会就业份额实际带动的就业人数。 （2）考察发展战略和扩张策略的合理性。 （3）考察项目未来持续带动就业的能力	10%

（四）提交资料

中国国际“互联网+”大学生创新创业大赛要求提交的资料有 Word 版和 PPT 版的商业计划书。其中，PPT 版的商业计划书由于参赛阶段的不同其内容也会有所差别。参赛团队所提交的 PPT 版商业计划书应做到内容全面，不遗漏信息点，但是篇幅不宜过长。商业计划书结构要清晰，方便评委可以在短时间内找到想要查看的信息。

在全国总决赛现场，PPT 版的商业计划书的主要作用是作为配合路演人演说的演示型 PPT，起到演讲大纲的作用，所以内容不需要全部罗列在 PPT 中。

（五）获奖项目

中国国际“互联网+”大学生创新创业大赛开办至今，已经成功举办了七届，每届都有许多优秀的项目，现将六届大赛获得冠军的项目汇总，如表 25.2 所示。

表 25.2　六届大赛获得冠军的项目汇总

参赛时间	获奖项目	学校
第一届	智能视力辅具及智能可穿戴近视防控设备	浙江大学
	Unicorn 无人直升机系统	北京航空航天大学
第二届	翱翔系列微小卫星	西北工业大学

续表 25.2

参赛时间	获奖项目	学校
第三届	杭州光珀智能科技有限公司	浙江大学
第四届	中云智车——未来商用无人车行业定义者	北京理工大学
第五届	交叉双旋翼复合推力尾桨无人直升机	清华大学
第六届	星网测通	北京理工大学

注：每届中国国际“互联网+”大学生创新创业大赛的主题、赛道、参赛组别有所不同，请同学们参照当年大赛日程备赛。

25.2 “创青春”全国大学生创业大赛

“创青春”全国大学生创业大赛（以下简称“创青春”大赛）是由共青团中央、教育部、人力资源和社会保障部、中国科协、全国学联和地方省级人民政府主办，工业和信息化部、国务院国有资产监督管理委员会、中华全国工商业联合会支持的一项具有导向性、示范性和解众性的创业竞赛活动，每两年举办一届，首届举办时间为 2014 年。

“创青春”大赛每届的主要比赛形式和内容基本相同，但大赛组别、大赛主题、奖项设置有差异。下面将以 2018 年“创青春”全国大学生创业大赛为例，来介绍该赛事的相关内容。

一、大赛简介

“创青春”大赛以“青春建功新时代，创业追梦新征程”为主题，其宗旨是培养创新意识、启迪创意思维、提升创造能力、造就创业人才。下面将对“创青春”大赛的主体赛事和大赛特色进行介绍。

（一）“创青春”大赛主体赛事

“创青春”大赛设立了大学生创业计划竞赛（即“挑战杯”中国大学生创业计划竞赛）、创业实践挑战赛、公益创业赛三项主体赛事。

大学生创业计划竞赛面向高等学校在校学生，以商业计划书、现场答辩等作为参赛项目的主要评价内容；创业实践挑战赛面向高等学校在校学生或毕业未满 3 年的高校毕业生，且应已投入实际创业 3 个月以上，以经营状况、发展前景等作为参赛项目的主要评价内容；公益创业赛面向高等学校在校学生，以创办非营利性质社会组织的计划和实践等作为参赛项目的主要评价内容。

以上三项主体赛事需通过组织省级预赛或评审后进行选拔报送。全国组织委员会聘请专家评定出具备一定操作性、应用性，以及具有良好市场潜力、社会价值和发展前景的优秀项目，给予奖励。

（二）大赛特色

全国组织委员会将在大赛举办期间组织多种形式的交流活动、展示活动和其他活动，丰富大赛内容。

全国组织委员会将设立大学生创业基金，加强与有关方面特别是金融机构、风险投资机构和创业投资机构等方面的合作，并通过成立大学生创业联盟等为高校学生通过参与大赛实现创业提供支持。

除此之外，在每次大赛举办期间，全国组织委员会将联合地方政府、园区和风险投资机构举办项目对接和孵化活动，对大赛中涌现出的优秀项目进行优先转化。

（三）参赛要求

凡在举办大赛终审决赛的当年 7 月 1 日以前正式注册的全日制非成人教育的各类高等院校在校专科生、本科生、硕士研究生和博士研究生（均不含在职研究生）可参加全部三项主体赛事；毕业 3 年以内（时间截至举办大赛终审决赛的当年 7 月 1 日）的专科生、本科生、硕士研究生和博士研究生可代表原所在高校参加创业实践挑战赛（需提供毕业证证明，仅可代表最终学历颁发高校参赛）。

由于大赛包含三项主体赛事，所以参赛项目的申报条件根据赛事不同也有所差别，现将三项主体赛事的申报条件总结如下。

1. 大学生创业计划竞赛

参加竞赛项目分为已创业与未创业两类；分为农林、畜牧、食品及相关产业，生物医药，化工技术和环境科学，信息技术和电子商务，材料，机械能源，文化创意和服务咨询等七个组别。实行分类、分组申报。

（1）已创业类：拥有或授权拥有产品或服务，并已在工商、民政等政府部门注册登记为企业、个体工商户、民办非企业单位等组织形式，且法定代表人或经营者为符合参赛资格的在校学生、运营时间在 3 个月以上（以预赛网络报备时间为截止日期）的项目。

（2）未创业类：拥有或授权拥有产品或服务，具有核心团队，具备实施创业的基本条件，但尚未在工商、民政等政府部门注册登记或注册登记时间在 3 个月以下的项目。

2. 创业实践挑战赛

拥有或授权拥有产品或服务，并已在工商、民政等政府部门注册登记为企业、个体工商户、民办非企业单位等组织形式，且法人代表或经营者符合参赛资格的规定、运营时间在3个月以上（以预赛网络报备时间为截止日期）的项目，可申报该赛事。申报时不区分具体类别、组别。

3. 公益创业赛

拥有较强的公益特征（有效解决社会问题，项目收益主要用于进一步扩大项目的范围、规模或水平）、创业特征（通过商业运作的方式，运用前期的少量资源撬动外界更广大的资源来解决社会问题，并形成可自身维持的商业模式）、实践特征（团队须实践其公益创业计划，形成可衡量的项目成果，部分或完全实现其计划的目标成果）的项目，且参赛学生符合参赛资格的规定，可申报该赛事。申报时不区分具体类别、组别。

每所高校选送参加全国大赛的项目总数不超过6个。其中，参加大学生创业计划竞赛的项目总数不超过3个，参加创业实践挑战赛的项目总数不超过2个，参加公益创业赛的项目总数不超过1个，每人（每个团队）限报1个；每个参赛项目只可选择参加1项主体赛事，不得兼报。

（四）大赛安排

下面将主要从赛程安排和计分要求两方面来介绍“创青春”大赛安排。

1. 赛程安排

大赛总体上分为校赛、省赛、国赛3个层面，以及预赛、复赛、决赛3个阶段来开展。其中，校赛、省赛的时间和具体形式由各高校各地区结合自身实际组织开展。4月至5月，将由各省（自治区、直辖市）针对大赛下设的三项主体赛事组织本地预赛或评审；7月至8月举办全国复赛；9月至10月举办全国决赛。

如欲参赛，需首先通过高校团委组织的校级选拔，才能进入省赛乃至全国复赛和决赛。在大赛的举办过程中，全国组织委员会不接受高校或个人的申报。

2. 计分要求

全国评审委员会对各省（自治区、直籍市）报送的三项主体赛事的参赛项目进行复审，分别评出90%左右的参赛项目进入决赛，三项主体赛事的奖项统一设置为金奖、银奖和铜奖，分别约占进入决赛项目总数的10%、20%和70%。

大赛以高校为单位计算参赛得分并排序。各等次奖计分方法如下。

（1）大学生创业计划竞赛的金奖项目每个计100分，银奖项目每个计70分，铜奖项目每个计30分，上报至全国组织委员会但未通过复赛的项目每个计10分。

(2) 创业实践挑战赛的金奖项目每个计120分,银奖项目每个计90分,铜奖项目每个计50分,上报至全国组织委员会但未通过复赛的项目每个计10分。

(3) 公益创业赛的金奖项目每个计100分,银奖项目每个计70分,铜奖项目每个计30分,上报至全国组织委员会但未通过复赛的项目每个计10分。

如遇总得分相等,则以获金奖的个数决定同一名次内的排序,以此类推至铜奖。

(五)参赛指南

下面将对“创青春”大赛的评审要点和参赛赛道的选择进行介绍,帮助广大参赛者更好地筹备大赛。

1. 评审要点

根据参赛项目的不同,其评审的侧重点也有所区别,下面分别介绍实践类项目、创意类项目和公益类项目各自的评审要点。

(1) 实践类项目的评审要点主要包括项目陈述、市场分析、公司运营、财务管理、团队建设和回答问题6个方面,评审要点汇总见表25.3。

表25.3 实践类项目评审要点汇总

评审内容	考核指标
项目陈述	项目的产业背景和市场竞争环境;项目所面对的目标人群;项目的独创性、领先性和实现产业化的途径等
市场分析	明确表述该产品或服务的市场容量与趋势、市场竞争状况;细分目标市场及消费者描述,估计市场份额和销售额
公司运营	公司定位准确,计划科学、严密;组织机构严谨;各发展阶段目标合理;结合项目特点制定合适的市场营销策略,包括对自身产品、技术或服务的价格定位、渠道建设、推广策略等
财务管理	资金来源与运用;盈利能力分析;风险资金退出策略等
团队建设	配合默契,分工明确
回答问题	准确理解评委提出的问题,回答具有针对性;思路清晰,逻辑严密,语言简洁流畅;例证、数据科学、准确、真实;在规定时间内完成陈述和答辩

(2) 创意类项目的评审要点主要包括创业思路、项目陈述、项目实操、财务管理、团队建设和回答问题6个方面,评审要点汇总见表25.4。

表 25.4 创意类项目评审要点汇总

评审内容	考核指标
创业思路	具备一定的先进性,商业模式可操作、满足创业的要求
项目陈述	明确表述产品或服务及市场进入策略和市场开发思路;商业目的明确、合理;全盘战略目标明确、合理
项目实操	项目的应用前景、风险和问题分析的准确性;方案的合理性与可操作性
财务管理	股份结构与规模、资金来源与运用、盈利能力分析等
团队建设	分工明确,配合默契,体现团队精神
回答问题	准确理解评委提出的问题,回答具有针对性;思路清晰,逻辑严密,语言简洁流畅;例证、数据科学、准确、真实;在规定时间内完成陈述和答辩

(3) 公益类项目的评审要点主要包括公益性、创业性和实践性 3 个方面,评审要点汇总见表 25.5。

表 25.5 公益类项目评审要点汇总

评审内容	考核指标
公益性	对社会问题关注深入,立项所针对的问题具体且受到关注较多
创业性	能够通过具有创新性、普适性、可推广性的商业模式,不断引入大量新资源来维持项目本身,且项目能持续发展
实践性	很好地结合了人员、资源等实际情况,设定了切实可行的项目进度及目标,有丰富的实践成果

2. 赛道选择

参赛者要想在大赛中取得好成绩,选对赛道十分重要。下面给出了不同赛道的选择方案供大家参考。

(1) 如果参赛者或者参赛者身边有一些已注册或运营中的企业资源,且该类企业具有一定的发展前景、科技含量,则可以选择创业实践挑战赛赛道。

(2) 如果参赛者有创业的想法,且该想法现实可行、具有一定的发展前景,如科技创新训练计划(Science and Technology Innovation Training Program, STITP) 等科研类项目,适合落地转化或者投入生产,能够解决相应的市场痛点,则可以选择大学生创业计划竞赛赛道。

(3) 如果参赛者或者参赛者身边有公益项目,且该公益项目运行良好,能够有一些盈利措施并持续盈利,则可以选择公益创业赛赛道。

(六)获奖项目

每一届大赛都有许多优秀的项目,现将2018年“创青春”全国大学生创业大赛金奖项目部分获奖名单汇总,如表25.6所示。

表25.6 2018年“创青春”全国大学生创业大赛金奖项目部分获奖名单汇总

赛事名称	获奖项目	学校
“挑战杯”中国大学生创业计划竞赛	福建贝洋渔业科技工作室(农林、畜牧、食品及相关产业组)	福建农林大学
	广州斯凯沃克科技有限公司(农林、畜牧、食品及相关产业组)	华南师范大学
	南京渔管家物联网科技有限公司(农林、畜牧、食品及相关产业组)	南京农业大学
“挑战杯”中国大学生创业计划竞赛	全球糖尿病诊疗革新者(生物医药组)	华东师范大学
	脑控智能护理床(生物医药组)	华南理工大学
	“隽”——基于菌群的皮肤护理品牌(生物医药组)	南京大学
	蓝天清洁能源有限公司(化工技术和环境科学组)	常州大学
	砼创未来:废旧混凝土高效循环利用(化工技术和环境科学组)	华南理工大学
	肽易德——我们让多肽合成更容易(化工技术和环境科学组)	江西师范大学
	基于C2F全链路运营的品牌家居跨境出口商(信息技术和电子商务组)	杭州师范大学
	码上科技——为优质环保鲜果配送保驾护航(信息技术和电子商务组)	嘉兴学院
	南京州游网络科技有限公司(信息技术和电子商务组)	南京邮电大学
	吸力奇迹(北京)科技有限公司(材料组)	北京航空航天大学
	曜明缓冲包装材料云制造(材料组)	华南理工大学
	多功能电位水供应系统(材料组)	吉林大学

续表 25.6

赛事名称	获奖项目	学校
创业实践挑战赛	北京零创众成科技有限公司	北京航空航天大学
	南京达斯琪数字科技有限公司	东南大学
	广州聚匠文化传播有限公司	广东工业大学
公益创业赛	青雁未成年人关护中心	南京理工大学
	米公益:让天下没有难做的公益	清华大学
	归雁·文化遗产推广工具包	同济大学

课堂训练

1. 中国国际“互联网+”大学生创新创业大赛面向哪些群体?对于参赛资格有哪些具体要求?

2. “创青春”全国大学生创业大赛对已创业项目和未创业项目的申报条件分别是什么规定?

▶单元 26

课堂实训：总结创新创业大赛收获

1. 谈谈你对大学生创新创业的感悟及今后的职业规划。

2. 谈谈你对路演的理解，并结合模块七课堂实训已完成的创业计划书，试着制作一份路演 PPT 与同学们进行分享。

附录

KAB/SYB——典型的国际大学生创业项目

附录 1 大学生 KAB 创业教育课程简介

KAB(Know About Business),意思是"了解企业",是国际劳工组织为培养大学生的创业意识和创业能力而专门开发的教育项目。

在我国,此项目由共青团中央、中华全国青年联合会与国际劳工组织三方合作推广。该课程通过教授有关企业和创业的基本知识和技能,帮助学生对创业树立全面认识,普及创业意识和创业知识,培养学生的创新精神和创业能力。该课程自 2005 年启动以来,已在清华大学、北京航空航天大学、中国青年政治学院等高校完成试点教学,目前在各高校受到师生普遍欢迎。

该项目一般以选修课形式在大学开展,学生通过选修该课程可以获得相应的学分。KAB 课程一个很大的特点就是先让学生去体验,体验之后再回来讨论,而不是先学习若干理论知识。

KAB 课程设置了 8 个教学模块,每个教学模块都有特定的主题,且各个模块之间又彼此联系。这样的课程结构设计有很大的灵活性,根据授课对象、授课学时的不同,有效做到"因材施教""因时施教"。其次,KAB 的课程类型包括学科课程、活动课程以及实践课程(商业模拟游戏),学科课程侧重传授创业知识,活动课程侧重培养创业意识和技能,实践课程侧重提供创业模拟演练。三类课程彼此融合,在实现创业教育教学目标方面形成了互有侧重、互为补充的立体、综合对应关系;KAB 课程组织的活动化是指课程的操作方式注重教学活动的设计,尽可能使学生在教学活动参与中实现"启发创业意识、体验创业过程、提升创业技能"的目的。比如,"商业模拟游戏"通过模拟企业运作,使学生在游戏中体验商业过程,感悟商业真谛。

"大学生 KAB 创业基础"课程实行小班授课,突出以学生为中心的教学思想,教学中融入了情景模拟、分组讨论和分享、商业游戏、创业人物访谈、团体游戏、小组任务、案例讨论、头脑风暴等多种形式的教学方法,这种参与式、体验式教育方法，让学生身临其境，不仅能提高学生的学习能力，而且对培养学生的创新能力，激发学生的学习潜能都具有重要作用。

附录 2　SYB 项目简介

SYB 的全称是“START YOUR BUSINESS”，意为“创办你的企业”，它是“创办和改善你的企业”（SIYB）系列培训教程的一个重要组成部分，由联合国国际劳工组织开发，为有愿望开办自己中小企业的朋友量身定制的培训项目。

SYB 起源于瑞典，20 世纪 70 年代开始叫“看管你的企业”，由于 70 年代开发的教材取得了成功，1977 年瑞典与 ILO 合作改编为 IYB，到 20 世纪 90 年代 IYB 有了另一个成员 SYB，它是 ILO 在斐济做培训时开发的。1998 年 SIYB 又衍生了 GYB。GYB 中一部分内容包含在 SYB 中但并不完全。2003 年 ILO 又在斯里兰卡开发了 EYB。目前有 84 个国家使用 SIYB。我国从 1998 年引进，在北京、上海、苏州三个城市试点，2003 年底，向百个城市推广创业培训。2001—2003 年，80 万人参加创业培训，培训后 30 多万人实现了创业或自谋职业。

根据 SYB 创业培训根据针对人群的不同，在中国主要经历了以下四个发展阶段。

第一阶段 2000—2003 年：培训受众主要针对下岗失业人员，培训的目的是为了鼓励他们实现自主创业，以注册个体户经营或小型私有企业的形式解决个人的就业、经济来源问题。SIYB 培训在这一阶段发挥的作用使得参加过培训的下岗失业人员对创业有了整体的认识，降低了创业失败的风险。

第二阶段 2003—2005 年：培训主要针对城市新增劳动力，其中包括应届毕业大学生及农村转移人口。培训的目的是为了增强这部分群体的创业知识，提高他们的创业意识，并且辅以优惠的政策鼓励他们实现创业。

第三阶段 2005—2007 年：SIYB 创业培训经过前两阶段的积累效果开始显现，在试点城市，许多学员通过接受培训实现了自主创业。不仅解决了个人的就业问题，还带动了周边人的就业并为地区增加了财政税收。在这期间，浙江省委提出了“创新强省，创业富民”的理念，SIYB 创业培训项目加快了在浙江的发展速度，到目前为止已经开展了三期针对来自金融、投资、政府机构的 SIYB 讲师培训，储备了项目发展的师资力量。

第四阶段 2007 年以后：根据十七大提出的“以创业带动就业”的指导思想，结合中国经济发展现状，政府将鼓励更多的具备经济实力、具有创新意识的人走向创业之路。随着全国范围内各类创业大赛的举办，SIYB 创业培训经过前三个阶段的实践与总结也在不断发展创新。培训针对的人群不仅包括以前的下岗失业人员，也开始针对那些具有高学历、高素质及高收入的人群。通过培训使他们具备创业的各项能力，鼓励他们走向创业的道路。

SYB 培训就是把有志创办企业的创业者组织起来，为其提供创办企业、管理企业系统知识的培训。创业者在创业初期常遇到两个问题，一是他们想创业，但不知道怎样去创业；二是有资金，但不知道干什么项目合适，犹豫不定，而 SYB 创业培训就是帮助创业者解决这样的实际上问题。

SYB 的培训课程总共分为两大部分，第一部分是创业意识培训，共 2 步；第二部分是创业计划培训，共 8 步。

第 1 步 将你作为创业者来评价；(即创业适应性分析)

第 2 步 为自己建立一个好的企业构思；(即创业项目构思和选择创业项目)

第 3 步 评估你的市场；(即产品、客户及竞争对手分析)

第 4 步 企业的人员组织；(即经营上的人员安排)

第 5 步 选择一种企业法律形态；(即申办何种经营许可)

第 6 步 法律环境和你的责任；(即创业方面的法律法规，创业对你意味着何种法律风险和法律责任)

第 7 步 预测启动资金需求；

第 8 步 制定利润计划；(包括成本效益分析)

第 9 步 判断你的企业能否生存；(包括你的创业项目的可行性分析，草拟创业计划书)

第 10 步 开办企业。(介绍开办企业的实际程序和步骤)

SYB 培训高度满足小企业家需求、学用结合、高度参与、模块化、游戏化、短时间、低成本、统一教材、大量后续服务、严格的质量控制。SYB 是一套简明、通俗、易懂、实用的创业培训教材，已经在全球 80 多个国家广泛推行和使用。

SYB 培训经国家劳动和社会保障部引入我国后，我国部分省市从 1998 年开始 SYB 创业培训试点工作，取得了良好的效果。随着 SYB 创业培训在全国的全面启动和小额贷款政策扶持，解决了有志创业者创业时遇到的创业知识的欠缺和资金不足问题，更激发了他们的创业意识，掌握创业技能，增强微小企业抗风险能力，使学员在短时间内成为微型企业的老板。

参考文献

[1] 李家华,张玉利,雷家骕. 创业基础[M]. 北京:北京师范大学出版社,2013.

[2] 万玉清,李运楼,黄凤芝. 大学生创新创业基础[M]. 上海:上海交通大学出版社,2015.

[3] 董青春,孙亚卿. 大学生创业基础[M]. 北京:经济管理出版社,2012.

[4] 廖非,邓永霞. 高职大学生创业基础[M]. 北京:人民邮电出版社,2020.

[5] 刘小庆,曹静,王存芳. 大学生创新创业[M]. 北京:人民邮电出版社,2019.

[6] 姜辉,金晓晖. 大学生就业创业指导[M]. 北京:化学工业出版社,2021.

[7] 唐果. 大学生创业基础教程[M]. 北京:电子工业出版社,2019.

[8] 唐明生,裴晓敏. 大学生创新创业基础[M]. 武汉:武汉大学出版社,2019.

[9] 赵连营. 创业基础 [M]. 天津: 南开大学出版社,2018.

[10] 宋要武. 大学生创新创业导论[M]. 北京:高等教育出版社,2018.

[11] 叶吉波,张宝臣. 大学生创新创业教育教程[M]. 大连:大连理工大学出版社,2019.

[12] 钟晓军. "互联网+"背景下大学生创业支持体系研究[M]. 杭州:浙江大学出版社,2016.

[13] 张建华,冯瑞. 大学生创新创业指导教程[M]. 上海:北京工业大学出版社,2010.

[14] 林强,马超平. 大学生创业实务[M]. 大连:大连理工大学出版社,2012.

[15] 稻盛和夫. 活法[M]. 林慧如,译. 北京:东方出版社,2009.

[16] 范东亚,谭荣. 大学生职业生涯规划与创新创业教育[M]. 重庆:重庆大学出版社,2019.

[17] 就业与创业课题组. 大学生就业与创业指导教程. [M]. 北京:中国传媒大学出版社,2010.

[18] 宋伟. 大学生创新创业教程 [M]. 北京:首都师范大学出版社,2020.

[19] 共青团中央,中华全国青年联合会,国际劳工组织组织. 大学生 KAB 创业基础 [M]. 北京: 高等教出版社,2007.

[20] 赵金来,董明冉. 大学生创新创业教育 [M]. 北京:首都师范大学出版社,2019.

[21] 范东亚,谭荣,杨万里,等. 大学生职业生涯规划与创新创业教育 [M]. 重庆:重庆大学出版社,2019.

[22] 侯文华. 大学生创新创业教育教程[M]. 北京:科学出版社,2018.

[23] 黄海荣.大学生创新创业教育指导[M].上海:上海交通大学出版社,2016.
[24] 张普权.大学生职业生涯规划与就业指导[M].上海:上海交通大学出版社,2015.
[25] 张小军,马玥.褚时健管理法[M].北京:中国友谊出版公司,2016.
[26] 赵凡禹.松下幸之助全传[M].武汉:华中科技大学出版社,2020.
[27] 王文利,许丽洁.创业大讲堂:大学生创业的八堂必修课[M].西安:西安电子科技大学出版社,2019.
[28] 张立群.2020年宏观经济形势与政策取向分析[J].求知,2020(02):28-31.